토마스와 앤더스의

착한 서비스영어

Pure and Simple Service Emglish

토마스와 앤더스의

착한 서비스영어

Pure and Simple Service English

초판 1쇄 발행   2020년 04월 17일

저 자	Thomas & Anders Frederiksen
번 역	Carl Ahn
발 행 인	안광용(010-4425-1012, carl-ahn@hanmail.net)
발 행 처	㈜진명출판사
등 록	제10-959호 (1994년 4월 4일)
주 소	서울시 마포구 양화로 156, 1624호(동교동, LG팰리스빌딩)
전 화	02) 3143-1336 / FAX 02) 3143-1053
이 메 일	book@jinmyong.com
총 괄 이 사	김영애
마 케 팅	박용철
교 정 · 교 열	황규상
디 자 인	디자인스웨터

ⓒ Thomas & Anders Frederiksen, 2020
ISBN 978-89-8010-494-9

토마스와 앤더스의

착한 서비스영어

Pure and Simple *Service English*

ViM (주)진명출판사

독자의 요청에 따라
당신의 영어 공부와 발음에 도움이 되기 위하여
이 책의 **원어민 저자**와
원어민 저자의 친구가 녹음을 했습니다.

Thomas Frederiksen

남자 부분의 녹음은 이 책의 저자이
며 착한 영어 시리즈 형제 중의 한 사
람인 토마스입니다.
코펜하겐 비즈니스 스쿨 학사, 석사.

드라마 및 영화 배우
EBSlang 기본생활영어 인터넷 강의
eduTV 착한여행영어 강의

Natalie Grant

여자 부분의 녹음은 미국 애리조
나주 출신으로 현재 국제관계학의
석사 학위를 가지고 있으며, 서울
에서 영어를 가르치고 있는 내털리
입니다.

jinmyong.com

㈜진명출판사 book@jinmyong.com으로
메일을 주시면 MP3파일을 보내드립니다.

발행인의 말

㈜ 진명출판사
대표이사 안 광 용

착한 영어 시리즈(Pure and Simple)
11번째 책 Service English를 출간하며

열한 번째   Service English
열   번째   (업그레이드 된) 기초영어 회화
아홉 번째   (관용어와 격언의) 미국영어 회화
여덟 번째   (A, B, C부터) 기초영어 첫걸음
일곱 번째   (교재용) 여행영어 회화
여섯 번째   (뉴욕 1년간 생활기록) 생활영어
다섯 번째   (매우 기초적인) 영문법
네   번째   (남미 5개국 여행편) 여행영어일기
세   번째   (한 단어, 두 단어, 세 단어로 이루어진) 1-2-3 쉬운 생활영어
두   번째   (틀린 영문 간판을 찾아라) 영어 파파라치
첫   번째   (포켓판) 여행영어

여행과 영어, 도전, 모험 등 취미가 같은 착한 저자들 Thomas & Anders Frederiksen 형제와 함께 착한 영어 시리즈 11번째 책 Service English를 출간했습니다.

검토해봐 주십시오, 열심히 만들었습니다. 시리즈 중 첫 번째, 세 번째, 여덟 번째 책은 일본과 중국에 수출했습니다.

이번 11번째 책 Service English는 여러 분야의 비즈니스를 하시는 분들을 위해, 특히 외국 손님을 대할 때 꼭 필요한essential 표현들을 중심으로 엮었습니다. 또한 되도록 쉬운 어휘를 많이 수록했고 각 단어마다 발음부호를 표기해서 악센트accent를 제대로 익힐 수 있도록 했습니다.

이 책 탄생의 주역들인 저자 Thomas & Anders Frederiksen, 번역을 도와주신 현장에서 영어를 가르치고 있는 서정희 강사, 교정과 교열을 해 주신 황규상 선생님과 캐나다 캘거리의 김영신 님, 녹음을 도와준 Natalie Grant, 디자인을 맡아준 디자인스웨터의 김석현 디자이너에게도 감사를 전합니다.

이 책을 선택해 주신 선생님, 독자분들께 감사의 말씀을 드립니다.

추천사

● 한정희 교수
(백석대학교 어문학부 영어학 전공)

경력

- 현 백석대학교 어문학부 영어학
  전공 교수
- 영문학 박사
- 생활영어, 영어회화, 영어듣기 및
  말하기, 영어읽기 및 쓰기, 영어
  발달사, 미국 소설, 영국 소설, 여
  행 영어, 스크린 영어 등등 다수
  강의.
- 21세기영어영문학회 회원
- 현대영미어문학회 회원
- STEM 영상영어교육학회 회원

이 책을 통해 만나는 반가운 여러분,

이 책 "Service English"를 권하게 되어 매우 기쁩니다.

저는 오랫동안 강단에서 "착한 영어 시리즈"를 교재로 학생들과 수업을 해왔기에, 누구보다도 이 시리즈의 높은 완성도와 독창성을 잘 알고 있으며 저자들에 대한 신뢰도 각별합니다. 이번 책 "Service English"는 착한 영어 시리즈의 정점을 찍는 정수라 할 수 있겠습니다.

우리 모두는 하루가 다르게 변화하고 발전하는 시대를 살고 있습니다. 어떤 분야에 있든 빠르고 성공적으로 대처하기 위해서는 영어 능력이 기본이자 필수라는 사실을 누구든 부인할 수는 없을 것입니다. 영어는 우리를 목표 지점까지 정확하고도 효율적으로 인도하는 핵심 역량입니다.

특별히 서비스업에서 일하는 분들이 이 책을 가장 환영하리라 생각합니다.

이 책을 통해 영어를 배우는 즐거운 경험을 할 것입니다. 이 책은 현장에서 바로 쓸 수 있는 실용성과 실제적인 연습을 할 수 있도록 그 내용이 구성되어 있어 여러분들에게 영어 공부를 위한 강한 동기부여가 될 것입니다. 아울러 서비스 문화에 대한 깊은 이해와 흥미, 외국인과 소통하는 기술도 배울 수 있으실 겁니다.

교과서 영어가 아닌 삶의 현장(사무실, 식당, 공항, 병원, 온천 또는 사우나, 대중교통 등)에서 바로 쓸 수 있는 살아 움직이는 영어! 이 책과 함께라면 외국인과의 행복한 추억이 쌓이고 어느덧 영어권의 손님을 기다리며 자연스럽게 말을 거는 놀라운 자신을 발견하게 될 것입니다.

백석대학교 교수 한정희

저자의 말

이 책을 기획하기 시작한 때는, 한국을 찾은 관광객이 1,800만 명에 육박하고 관광산업의 수익이 약 35조 원에 이른다는 뉴스를 접했던 2018년 겨울 즈음이었습니다.

제가 사랑하고 정착하게 된 나라, 한국의 관광산업은 해마다 급성장할 것이고, 많은 외국 관광객들이 한국의 식당, 빵집, 버스와 택시, 전화 사용, 놀이시설, 편의점 등을 이용하면서 그때의 저처럼 새로운 체험에 가슴이 설렐 것입니다.

그들이 직접적으로 만나게 되는, 특히 서비스업에 종사하시는 분들이 학교를 졸업한 뒤에도 계속해서 영어를 공부하고 실전에서 잘 활용할 수 있으면 좋겠다는 강렬한 바람이 있었습니다.

이 책은 서비스업에서 자주 사용하는 꼭 필요한 문장과 어휘를 10여 가지 핵심 문장으로 간추려 꾸준히 학습할 수 있도록 구성하였습니다.

일반적인 내용(Part I)과 전문적인 내용(Part II)을 잘 혼합하여 소개하고자 했습니다.

여러분이 외국인을 대할 때나 영어를 말할 때 단지 영어 실력의 향상 뿐만 아니라, 진정한 소통을 이루고 자신감과 자부심을 느끼며 즐겁게 일할 수 있게 되길 바랍니다.

감사합니다.

Thomas Frederiksen

경력

- 진명출판사 착한영어시리즈 저자
- TV 드라마, 영화 배우
  (스윙키즈, 승리호, 나 홀로 그대
  (Netflix), 남자친구(tvN) 다수 출연)
- 'Korea Times', '문화일보', '한국
  경제' 등 언론기사 인터뷰
- TBS, EBS radio 방송출연
- 코펜하겐 비즈니스 스쿨에서 국제
  비즈니스 석사과정 수료

토마스와 앤더스의

착한 서비스 영어

PART I

General Phrases
For Service Workers

이 책에서 서비스업 종사자들이 꼭 알아야 할 어휘와 문장들

토마스와 앤더스의
착한 서비스영어

Service English

Part Ⅰ

....

General Phrases for Service Workers

....

이 책에서 서비스업 종사자들이
꼭 알아야 할 어휘와 문장들

....

Vital Vocabulary
꼭 알아야 할 어휘

NOUNS 명사

advice [ədváis]	조언
application [æ̀pləkéiʃən]	신청서
bathroom [bǽθrùːm]	화장실
contract [kántrækt]	계약서
customer [kʌ́stəmər]	고객
deadline [dédláin]	마감 기한
delay [diléi]	지연
document [dákjumənt]	문서, 서류
door [dɔːr]	문
entrance [éntrəns]	입구
exit [égzit, éksit]	출구
form [fɔːrm]	형태
gate [geit]	탑승구, 게이트
price [prais]	가격
product [prádʌkt]	제품
receipt [risíːt]	영수증
restroom [réstrùːm]	화장실
sale [seil]	판매, 세일
seat [siːt]	좌석
service [sə́ːrvis]	서비스
staff [stæf]	직원
washroom [wáʃrùːm, wɔ́ːʃ-]	화장실

VERBS 동사

advertise [ǽdvərtàiz]	광고하다
agree [əgríː]	동의하다
announce [ənáuns]	발표하다
apply [əplái]	신청하다
appreciate [əpríːʃièit]	감사하다
bring [briŋ]	가지고 다니다
buy [bai]	사다, 구매하다
check [ʧek]	확인하다
collect [kəlékt]	모으다, 수집하다
contact [kántækt]	연락하다
continue [kəntínjuː]	계속하다
copy [kápi]	복사하다
drive [draiv]	운전하다
examine [igzǽmin]	조사하다
exchange [iksʧéindʒ]	교환하다
expand [ikspǽnd]	확장하다
expire [ikspáiər]	만료되다
explain [ikspléin]	설명하다
gather [gǽðər]	모이다, 모으다
get [get]	얻다, 가지다, 구매하다
give back [giv bæk]	돌려주다, 반품하다

hold [hould]	잡다, 유지하다
move [muːv]	이동하다, 이사하다
offer [ɔ́ːfər]	제공하다
order [ɔ́ːrdər]	주문하다
print [print]	인쇄하다
receive [risíːv]	받다
recommend [rèkəménd]	추천하다
rent [rent]	임대하다
return [ritə́ːrn]	반환하다
sell [sel]	팔다, 판매하다
send [send]	보내다
sit [sit]	앉다
stop [stɑp]	멈추다, 정차하다
take [teik]	가지다, 구매하다
wait [weit]	기다리다

ADJECTIVES 형용사

broken [bróukən]	고장난, 부러진
cheap [ʧiːp]	저렴한
closed [klouzd]	닫힌
complete [kəmplíːt]	완성된, 완전한
delicious [dilíʃəs]	매우 맛있는
easy [íːzi]	쉬운
expensive [ikspénsiv]	비싼, 고가의
final [fáinl]	최종의
first [fəːrst]	최초의
great [greit]	훌륭한, 아주 좋은
large [lɑːrdʒ]	큰, 많은
late [leit]	늦은, 지각한
open [óupən]	열린
quick [kwik]	빠른
reserved [rizə́ːrvd]	남겨둔, 예비의, 따로 둔
sick [sik]	아픈
speedy [spíːdi]	빠른, 신속한
tasty [téisti]	맛있는, 맛이 좋은
tired [taiərd]	피곤한
total [tóutl]	합계
wrong [rɔːŋ]	잘못된, 틀린

General Phrases
일반적인 표현

Take your time.
천천히 하세요.

I'm sorry.
미안합니다.

I apologize.
사과 드려요.

Please take a seat.
       have
자리에 앉으세요.

Yes, that's right.
네, 맞아요.

I'm not sure.
확실하지 않아요.

Are you sure?
확실해요?

Not yet.
아직 아니에요.

고객 Thank you for your time.
시간 내 주셔서 감사 드려요.

It was my pleasure.
천만에요.

Let me ask someone.
다른 사람에게 물어보도록 할게요.

Can I take a look, please? (고객님의 휴대폰을 확인하기)
제가 한번 살펴봐도 될까요?

There's been a misunderstanding.
오해가 있었습니다.

Let me check.
제가 확인할게요.

We'll contact you again.
저희가 다시 연락 드릴게요.

고객 Excuse me, are you busy?
실례합니다, 바쁘세요?

고객 Hello, can you help me?
안녕하세요, 저를 좀 도와주실 수 있어요?

고객 I have a question about my phone.
제 전화기에 관한 질문이 있어요.

Watch your step.
발 디딜 때 조심하세요.

Are you alright? Do you need help?
괜찮으세요? 도와드릴까요?

Hello, what's your name?
안녕하세요, 성함이 무엇입니까?

What country are you from?
어느 나라에서 오셨습니까?

Are you here on vacation?
휴가차 여기에 오셨습니까?

Let me find someone who can help you.
당신에게 도움이 될 사람을 찾아보겠습니다.

Paying or receiving money
결제하기 또는 돈 받기

That'll be 22,000 won.
22,000원입니다.

22,000 won, please.
22,000원입니다.

The price is 22,000 won.
/ The total comes to 22,000 won.
가격은 22,000원입니다. / 총 금액은 22,000원입니다.

We only accept cash. / No credit cards.
저희는 현금만 받습니다. / 신용카드 사용이 불가능합니다.

We only accept Korean credit cards.
한국의 신용카드만 받습니다.

It's too little. / It's not enough.
(금액이) 너무 적습니다. / 충분하지 않습니다.

We don't have change.
잔돈이 없습니다.

Your card is not working.
당신의 신용카드는 사용할 수 없습니다.

That's the wrong amount.
금액이 잘못됐습니다.

This bill is torn. We can't accept it.
이 지폐는 찢어졌습니다. 우리는 받을 수 없습니다.

고객 **Keep the change.**
잔돈은 됐습니다.

Permitting or denying something
승인하기 또는 거절하기

Don't go there. / No entry.
거기는 가지 마세요. / 들어가지 마세요.

Please don't do that.
부탁이니 그러지 마세요.

Please wait. / Please wait in line.
기다리세요. / 줄을 서세요.

Go ahead.
앞으로 가세요.

Staff area / Authorized employees only.
직원 전용 / 승인된 직원 전용.

No trespassing.
무단 출입 금지.

Danger! Don't touch.
위험! 만지지 마세요.

No minors allowed.

미성년자 출입 금지.

No outside food (or drinks) allowed.

외부 음식 (또는 음료수) 반입 금지.

This is a no-smoking area.

이곳은 금연 구역입니다.

Smoking is not permitted here.

여기서 흡연하는 것은 허용되지 않습니다.

Prohibiting or Permitting

- 금지 사항에 대하여 말하는 방법 네 가지입니다.

Smoking is prohibited.
흡연은 금지되어 있습니다.

Smoking is not allowed.
흡연은 허용되지 않습니다.

Smoking is not permitted.
흡연은 허용되지 않습니다.

No smoking.
금연.

- 간략하게 표현하고자 할 경우에 **No smoking**(금연), **No drinking**(금주), **No parking**(주차 금지), **No photography**(사진촬영 금지)처럼 동명사로 대체할 수 있습니다.

- 만약 무엇을 해도 된다는 허락의 말을 하고 싶다면 **allowed** (허용된)나 **permitted**(허락된)란 단어를 사용할 수 있습니다.

Parking is allowed between 2 and 6 p.m.
주차는 오후 2시부터 오후 6시까지 허용됩니다.

Smoking permitted on the 7th floor.
흡연은 7층에서 허락됩니다.

Welcoming and greeting
환영하기와 인사하기

Welcome, come in.
환영합니다, 들어오세요.

This way, please.
이쪽으로 오세요.

Thank you, please come again.
감사합니다, 또 오세요.

Thanks for shopping with us. Have a great day.
물건을 구매해주셔서 감사합니다. 멋진 하루 보내세요.

My name is Sujin, and I'll be your waitress today.
제 이름은 수진입니다, 제가 오늘 여러분을 담당하게 될 것입니다.

What's your name? (비격식)
이름이 무엇입니까?
How may I address you? (격식)
당신을 어떻게 부르면 될까요?

Opening and closing times
개점 시간과 폐점 시간

고객 What time do you open?
　　　　　　　　　　　 close 폐점
몇 시에 <u>개점</u>합니까?

Our opening hours are from 10 a.m. to 11 p.m.
저희 개점시간은 오전 10시부터 오후 11시까지입니다.

We close in 10 minutes.
저희는 10분 후에 영업을 종료합니다.

The kitchen closes at 9 o'clock.
주방은 9시에 닫습니다.

There's no more service now. Please come back tomorrow morning.
지금은 업무가 끝났습니다. 내일 아침에 다시 오세요.

We'll be closing soon. Please move to the exit.
저희는 곧 영업을 종료합니다. 출구로 이동하여 주세요.

We're closing early today because of the Chuseok holiday.
오늘은 추석 휴가 관계로 일찍 닫습니다.

Making an appointment or reservation
약속을 잡거나 예약하기

What time is good for you?
몇 시가 편하십니까?

That time is unavailable.
그 시간은 시간을 낼 수 없습니다.

That's too early.
너무 이릅니다.
That's too late.
너무 늦습니다.

Can you come back tomorrow?
내일 다시 와 주시겠습니까?

When can you come and pick it up?
언제 찾으러 오실 수 있으세요?

The deadline is April 28th.
마감 기한은 4월 28일입니다.

Delivering bad news, dealing with problems

나쁜 소식 전하기, 고객 불편사항 처리하기

Sorry, that's not possible.
죄송합니다, 그건 불가능합니다.

It's unavailable right now.
지금은 이용할 수 없습니다.

Sorry, they're sold out.
죄송합니다, 그것들은 매진되었습니다.

Please wait a second.
잠시만 기다려주세요.

I'm sorry for the wait.
기다리시게 해서 죄송합니다.

We're sorry for the inconvenience.
불편함을 끼쳐 드려 죄송합니다.

It was our mistake. Please accept our apology.
저희의 실수였습니다. 사과를 받아주세요.

I'm very sorry to hear that.
그런 말씀을 듣게 되어 정말 유감입니다.

Here's a coupon for a free drink to express our apologies.
저희 측에서 사과하는 의미로 무료 음료 쿠폰을 드립니다.

To make it up to you, here's a free drink on the house.
잘못을 만회하기 위해서 무료 음료 쿠폰을 드립니다.

You're responsible for this.
당신은 이 일에 대한 책임이 있습니다.
We're not responsible for this.
저희는 이 일에 대한 책임이 없습니다.

You're disturbing the other customers.
당신은 다른 고객분들에게 피해를 주고 있습니다.

고객 Could you serve me, please?
I've been waiting in line for 20 minutes!
좀 도와주시겠습니까?
저는 20분 동안 줄을 서서 기다렸습니다.

We're going to have to ask you to leave.
당신이 나가 주실 것을 요청합니다.

I'm calling the police.
경찰을 부르겠습니다.

고객 **I'd like to talk to the manager.**
저는 관리자와 대화하고 싶습니다.

고객 **I'd like a refund.**
저는 환불하고자 합니다.

고객 **This is unacceptable!**
이것은 받아들이기가 힘듭니다.

고객 **This service is terrible!**
이곳 서비스는 엉망이군요!

 English Note
소음을 줄여 달라고 부탁하기

공공장소에서 어떤 사람이 너무 시끄럽게 한다 해서, **Be quiet!** (조용히 해!)라
고 말하는 것은 무례하게 들릴 수 있습니다. 그말 대신, **Please keep your
voice down**. (당신의 목소리를 낮춰주세요.) 라고 좀 더 예의 바른 표현을 사용
하세요.

Using Please

- 영어의 좋은 점 중 하나는 '**please**'라는 한 단어만으로 예의를 갖춘 표현으로 쉽게 바꿀 수 있다는 겁니다. 이 단어는 무엇을 해달라고 요청하는 명령문과 청유문에도 같이 사용할 수 있습니다.

Wait a second. → Please wait a second.
잠시 기다려.   잠시만 기다려주세요.

Can you come back tomorrow? →
내일 돌아올 수 있어?
Can you please come back tomorrow?
내일 돌아올 수 있을까요?

- 우리는 '**please**'를 문장의 앞이나 끝, 혹은 청유문의 동사 앞에도 붙일 수 있습니다.

문장의 앞   Please wait a second.
잠시만 기다려주세요.

문장의 끝   Wait a second, please.
잠시만 기다려주세요.

동사 앞   Will you please repeat that?
그 말 다시 한번 말씀해주시겠어요?

Language difficulties
곤란한(말하기 어려운) 상황들

Speak slowly, please.
천천히 말씀해 주세요.

I'm sorry, I don't understand.
죄송하지만, 저는 이해가 안 돼요.

Say it again, please. / Repeat that, please.
다시 말해주세요. / 한번 더 말해주세요.

Please write it down.
적어 두세요.

I'm sorry, I don't speak English well.
미안하지만 저는 영어를 잘 못 해요.

Please call 1330 for automatic translation. It's free.
자동 통역을 원하시면 1330번으로 전화하세요. 무료입니다.

Using services
서비스 시설 이용하기

고객 Where's the bathroom? / Do you have a bathroom?

화장실은 어디에 있어요? / 화장실 있어요?

The bathroom is outside. Go to the building on the right.

화장실은 밖에 있습니다. 건물 우측으로 가세요.

The bathroom is out of order. / It's for customers only.

화장실이 고장났습니다. / 고객 전용 화장실입니다.

You need a key / password.

키를 가져가야 합니다. / 비밀번호를 누르셔야 합니다.

고객 Do you have a wifi account?

와이파이가 됩니까(와이파이 번호가 있습니까)?

고객 Do I need a wifi password?

와이파이 비밀번호가 필요합니까?

What is the wifi password?

와이파이 비밀번호가 뭔가요?

Sorry, we don't have wifi here.

죄송하지만, 저희는 와이파이가 없습니다.

고객 Where can I store my bags?
제 가방을 어디에 보관할 수 있을까요?

고객 Can I put this here?
이것을 여기에 놓아도 될까요?

고객 Can you look after this for me?
이것을 봐 주시겠습니까?

Please put all tissues in the wastebasket.
모든 휴지는 쓰레기통에 넣어주세요.

Luggage storage available.
수하물 보관 가능.

Giving directions
길 안내하기

Go that way. (손가락으로 가리키며)
저쪽으로 가세요.

Turn right.
우회전하세요.
Turn left.
좌회전하세요.

Make a left at the corner.
코너에서 좌회전하세요.
Make a right at the corner.
코너에서 우회전하세요.

Cross the crosswalk.
횡단보도를 건너세요.

Go to the intersection and make a left.
사거리로 가신 후 좌회전하세요.

It's on the first floor.
　　　　　　 second floor 2층
　　　　　　 basement floor 지하층
1층입니다.

Go   round the corner.
     up the stairs 위층으로
     to the end of the street 길 끝까지
코너를 돌아가세요.

Take the stairs.
계단을 이용하세요.
Take the elevator.
엘리베이터를 이용하세요.
Take the subway.
지하철을 타세요.

I don't know (where it is).
(그것이 어디에 있는지) 모릅니다.

It's in another part of town.
도시의 다른 지역입니다.

It's far from here.
여기서 멀어요.
It's not far from here.
여기서 멀지 않아요.

You have to take a taxi.
                      a bus 버스를
                      the subway 지하철을
당신은 택시를 타야 합니다.

고객 **How do I get to _____?**
_____ 에 어떻게 갑니까?

고객 **Where is _____?**
_____은 어디에 있습니까?

고객 **Is it far from here? Is it close to here?**
여기서 멀리 있습니까? 여기서 가깝습니까?

고객 **How long will it take on foot?**
도보로 얼마나 걸릴까요?

It's a 10-minute walk.
도보로 10분 걸립니다.

It takes fifteen minutes on foot.
걸어서 15분 걸립니다.

Look for the red CGV movie theater.
붉은색의 CGV 영화관을 찾고 있습니다.

Safety and security
안전과 보안

Please hold on to the handrail.
손잡이를 꽉 붙잡으세요.

Please move to the emergency exit.
비상구로 이동하세요.

The elevator is stuck.
엘리베이터가 꿈쩍하지 않습니다.

The escalator is broken.
에스컬레이터가 고장 났습니다.

That's the fire alarm. We need to leave the building.
화재경보입니다. 우리는 건물에서 나가야 합니다.

Please exit immediately.
즉시 나가주세요.

Please evacuate the train.
열차 밖으로 대피해주세요.

Someone, call the police!
누가 경찰에 신고해 주세요!

There's been an accident.
사고가 있었습니다.

Stay calm. Don't run.
진정하세요. 뛰지 마세요.

Don't worry. It's just a safety drill.
걱정 마세요. 안전 훈련 중입니다.

Wait here. The police will arrive soon.
여기서 기다리세요. 경찰이 곧 도착할 것입니다.

Advertising messages aimed at foreigners
외국인을 대상으로 한 광고문

This is a traditional Korean restaurant.
이곳은 한국 전통 식당입니다.

We offer English language services.
저희는 영어 서비스를 제공합니다.

Information desk for tourists
관광객을 위한 안내 데스크

English menus available. 영어로 표기된 메뉴판 이용 가능
Translation services 통역 서비스
Tax refunds 세금 환급

This offer is not available for foreigners.
이 서비스는 외국인은 해당이 없습니다.
This offer is only available for foreigners.
이 서비스는 외국인에게만 해당됩니다.

Special discount for foreign guests!
외국인을 위한 특별한 가격할인 혜택!

We sell a wide variety of traditional Korean desserts.
우리는 다양한 한국의 전통 후식을 판매합니다.

We sell authentic handmade souvenirs.
우리는 정통 수공예 기념품을 판매합니다.

English-speaking staff available.
영어가 가능한 직원 있습니다.

 English Note
외국인에 대해 이야기하기

우리는 다른 나라에서 온 사람들을 일컬어 **foreigner**(외국인)라는 단어를 씁니다. 영어에서는 **foreigner**라고 하면 미묘하게 부정적인 어감을 포함합니다. 또한, 아웃사이더나 국내 사정에 밝지 못한 사람이라고 생각되기도 합니다.

★ **foreign guests** (외국 손님), **foreign visitors** (외국 방문객)로 사용합시다.

Single word sentence pairs

한 쌍의 단어로 이루어진 문장

⦿ 때때로, 의도를 쉽게 빨리 전달하기 위하여 우리는 가장 적은 어휘만을 사용합니다. 아래 단어들을 사용하면 편리할 때가 많습니다.

More / Less	더 많이 / 더 적게
Enough / More	충분한 / 더 많이
Bigger / Smaller	더 큰 / 더 작은
Now / Later	지금 / 나중에
Here / Another place	여기 / 다른 곳
Alone / Together	혼자 / 함께

⦿ 기억하세요, 문장 끝부분에서 목소리를 높임으로써 이러한 문장이 질문 문장으로 바뀔 수도 있습니다.

Customer:	I don't like this one.
고객	저는 이것이 마음에 들지 않습니다.
Staff:	Bigger? Smaller?
직원	더 큰 것으로 드릴까요? 더 작은 것으로 드릴까요?

Service English

Part II

Phrases for Specific Service Jobs

Part II를 열며.

Part I이 서비스업의 모든 이들이 기본으로 알아야 할 일반적인 문구와 단어를 다루고 있다면, Part II는 보다 세분화되고 전문적인 분야를 다룹니다.

Part II는 다음과 같이 세 부분으로 구성되어 있습니다.

◇ **주요 표현 Main Phrases** : 보통 2~4페이지로 구성되어 있으며 반복해서 읽고 현장에서 응용하기를 권합니다. 또한 이 표현을 활용해 간단한 문장도 만들어 보시기 바랍니다.
◇ **대화 Conversation** : 1페이지로 구성되어 있으며 앞에서 배운 주요 표현들이 실생활에서 어떻게 쓰이는가를 대화의 형식으로 제시합니다.
◇ **연습문제 Exercises** : 앞에서 배운 것을 복습하며 학습 이해도를 스스로 알 수 있습니다.

마지막은 문화에 대한 꿀팁의 장입니다.
문화가 다른 나라(주로 한국과 미국)의 언어와 표현들을 소개하며 그 차이점을 흥미롭게 공부할 수 있도록 도움을 줍니다.

Chapter 1

Public Transportation
대중교통

Chapter 1 —— Vital Vocabulary

☐ **announce** [ənáuns]
　announcement [ənáunsmənt]
알리다, 안내하다
발표

☐ **bus stop** [bʌs stɑp]
버스 정류장

☐ **delay** [diléi]
지연되다

☐ **destination** [dèstənéiʃən]
목적지, 행선지

☐ **direction** [dirékʃən]
방향, 길

☐ **door** [dɔ:r]
문

☐ **elderly** [éldərli]
나이가 드신, 연로한

☐ **emergency exit** [imə́:rdʒənsi égzit]
비상구

☐ **exact change** [igzǽkt tʃeindʒ]
정확한 잔돈(거스름돈이 없는)

☐ **gate** [geit]
출구

☐ **handicapped** [hǽndikæpt]
신체적인 장애가 있는

☐ **local bus** [lóukəl bʌs]
마을 버스

☐ **long-distance bus** [lɔ́:ŋdístəns bʌs]
시외버스

☐ **loudspeaker** [láudspì:kər]
확성기, 스피커

☐ **luggage** [lʌ́gidʒ]
짐, 수하물, 여행가방

☐ **PA(public address) system** ([pʌ́blik ədrés]) [sístəm]	안내 방송 시스템
☐ **pregnant** [préɡnənt]	임신한
☐ **recharge** [riːʧɑ́ːrdʒ] **(a travel card)**	(교통카드를) 충전하다
☐ **recommend** [rèkəménd]	추천하다
☐ **reload** [riːlóud] **(a travel card)**	(교통카드를) 충전하다
☐ **reserved seat** [rizə́ːrvd siːt]	예약석
☐ **sit** [sit]	앉다
☐ **smart card** [smɑːrt kɑːrd]	스마트 카드
☐ **subway** [sʌ́bwèi]	지하철
☐ **ticket** [tíkit]	티켓, 승차권
☐ **top up** [tɑp ʌp] **(a travel card)**	(교통카드를) 올려놓다
☐ **track** [træk]	경로
☐ **transit pass** [trǽnzit pæs]	환승권
☐ **travel card** [trǽvəl kɑːrd]	여행자 카드, 관광 카드
☐ **turnstile** [tə́ːrnstàil]	회전식 개찰구, 회전식 출입구

1.1

Subway or train
전철 또는 열차

Don't put your feet on the seat.
좌석 위에 발을 올리지 마세요.

This seat is only for pregnant women.
이 좌석은 임산부를 위한 자리입니다.
This seat is reserved for pregnant women.
이 좌석은 임산부를 위한 예약석입니다.

You can put your luggage here.
당신은 짐을 이곳에 놓아둘 수 있습니다.

You can't bring   drinks   on the subway.
             dogs 개를
             bikes 자전거를
지하철에 <u>음료수를</u> 가지고 탑승할 수 없습니다.

May I see your ticket, please?
당신의 승차권을 확인해도 될까요?

Do you have a <u>travel card</u>?
             T-money card? 티-머니 카드
<u>여행자 카드</u>를 소지하고 계십니까?

You need to put more money on the card.
카드에 금액을 더 충전하셔야 합니다.

You can top up the card at that machine.
그 기계에서 카드를 충전하세요.

Choose your destination on the screen and it will tell you the price.
화면에서 목적지를 선택하시면 교통 요금이 화면에 표시됩니다.

This is the last stop. You have to get off here.
이곳은 마지막 정류장입니다. 당신은 여기서 내려야 합니다.

`고객` **I took the wrong train. / I took the wrong direction.**
제가 열차를 잘못 탔습니다. / 제가 방향을 잘못 잡았습니다.

`고객` **I don't have a ticket. / I lost my ticket.**
저는 승차권이 없습니다. / 저는 승차권을 분실하였습니다.

`고객` **Where can I buy a ticket?**
승차권을 어디서 구매해야 합니까?

`고객` **Please open the gate.**
문을 열어주세요.

`고객` **My card doesn't work.**
카드가 되지 않습니다.

Passenger:
승객

Hello, how can I get a ticket?

안녕하세요, 승차권을 어떻게 구입합니까?

Staff:
직원

How long are you staying in Seoul?

서울에 얼마 동안 머무르실 예정입니까?

Passenger:

2 weeks.

2주입니다.

Staff:

Then I recommend this travel card. It's called T-money.

그렇다면 이 여행자 카드를 추천합니다. T-머니 카드입니다.

Passenger:

How does it work?

어떻게 사용하는 것인가요?

Staff:

You can use it on any public transport and in taxis. You need to put money on the card first. You can top it up at that machine. Then, use it at those turnstiles.

모든 대중교통 수단과 택시에서 사용할 수 있습니다. 먼저 카드에 돈을 충전해야 합니다. 저 기계에 카드를 올려놓으면 충전할 수 있습니다. 그러고 나서 지하철 개찰구에서 사용하세요.

>> 아래 제시된 우리말 표현을 활용하여 빈칸을 채워넣으세요.

• 정답 274p

A May I _____ please?
당신의 티켓을 확인하다

B This seat is _____ for pregnant women.
지정된

C You need to _____ your travel card.
충전하다

D You can use your card at those _____.
회전식 개찰구

E This is the _____.
종착역

You have to _____ here.
하차하다(내리다)

1.2

Bus drivers
버스 기사

고객 **Does this bus go to _____?**
이 버스는 _____로 갑니까?

고객 **When is the next bus?**
다음 버스는 언제 옵니까?

고객 **When will the bus   arrive?**
                    leave 출발

버스는 언제 <u>도착</u>합니까?

고객 **Could you let me know when we get to Seoul Station?**
서울역에 언제 도착하는지 알려주시겠습니까?

It's 5 stops from here. I'll announce it over the speaker.
여기서 다섯 정거장입니다. 제가 스피커를 통해 알려 드리겠습니다.

Please move to the back (of the bus).
(버스) 뒤쪽으로 이동하여 주세요.

It's one thousand, five hundred won. You need exact change.

1,500원입니다. 잔돈이 필요합니다.

You need to go in the other direction. Go to the bus stop across the street.

도로 건너편 버스 정류장으로 가서 반대 방향으로 가셔야 합니다.

No eating, please.

     drinking 음료수를 마시다

음식을 먹을 수 없습니다.

고객 Please open the doors. This is my stop.

    문을 열어 주세요. 여기서 내립니다.

Are you getting off?

내릴 건가요?

This seat is for the elderly.

이 자리는 경로석입니다.

This bus is full. Take the next bus, please.

이 버스는 만원입니다. 다음 버스를 이용해 주세요.

Be careful when you step off the bus.

버스에서 내릴 때 조심하세요.

Passenger: Hi, does this bus go to Seoul Station?
승객   안녕하세요, 이 버스는 서울역으로 갑니까?

Driver: Yes. Hop on.
기사   네. 타세요.

Passenger: How much is the ticket?
승차권은 얼마입니까?

Driver: It's one thousand, five hundred won.
1,500원입니다.

Passenger: Is this OK? (만원 지폐를 손에 쥐고)
이것도 괜찮습니까?

Driver: Sorry, you need exact change.
죄송합니다만, 정확한 잔돈으로 내셔야 합니다.

Passenger: OK, here you are.
네, 여기 있습니다.

>> 아래 각각의 표현에 가장 알맞은 응답을 네모 상자에서 선택
하세요.

• 정답 275p

(A) Sorry, this bus is full. Please take the next one.

(B) OK, I'll announce it over the loudspeaker.

(C) No, you need to go in the other direction.

(D) It's one thousand, five hundred won.

1 Excuse me. Please let me on the bus.

---.

2 How much is the ticket?

---.

3 Could you let me know when we get to Yeoksam Station?

---.

4 Does this bus go to Wolmido?

---.

Chapter 1

CULTURE TIP

Reading Numbers and Prices

숫자와 가격 읽기

- 영어에서는 숫자를 십, 백, 천의 단위로 구분하여 나눕니다. 모든 큰 숫자들은 이러한 단위로 구성되었습니다.

10 = ten
100 = one / a hundred
1,000 = one thousand
10,000 = ten thousand
100,000 = one hundred thousand
1,000,000 = one million
10,000,000 = ten million
100,000,000 = a hundred million
1,000,000,000 = one billion
10,000,000,000 = ten billion

- 숫자를 말할때 아래와 같은 방법으로 **and**를 추가하여 마지막 숫자를 읽기 전에 나눕니다.

24,550 won = twenty-four thousand, five hundred and fifty won
753,000 won = seven hundred and fifty-three thousand won

- 화폐가 아닌 숫자를 말할 때, 전체를 한 번에 읽는 것 보다 한 개씩 숫자를 읽는 것이 일반적입니다.

"You should take Bus two-oh-seven (207)."
"Your locker is number three fourteen (314)."

- 미국에서는 **dollars**와 더 작은 단위인 **quarter**(25 cents), **dime**(5 cents), **nickle**(10 cents), **1 cent**(1센트)로 나뉩니다. 그러나 한국에서는 **won**으로만 표현합니다. 이 경우에 **won**이라고만 표현하며 **wons**라고 하지 않습니다. 복수 형태를 사용하지 않는다는 것을 기억하세요.

Chapter 2

Taxi and Driving
택시와 운전

Vital Vocabulary

☐ **address** [ədrés]	주소
☐ **automatic gear** [ɔ̀:təmǽtik giər]	자동 기어
☐ **back seat** [bæk si:t]	뒷 좌석
☐ **bus-only lane** [bʌsounli lein]	버스 전용차선
☐ **crosswalk** [krɔ́:swɔ̀:k]	횡단보도
☐ **curb** [kə:rb]	도로 경계석
☐ **drive** [draiv]	운전하다
☐ **driver** [dráivər]	운전자
☐ **driver's license** [dráivərz láisəns]	운전면허증
☐ **expressway** [ikspréswèi]	고속도로
☐ **extra fare** [ékstrə fɛər]	할증 요금
☐ **fare** [fɛər]	운임, 요금
☐ **fasten** [fǽsn]	매다, 고정하다
☐ **freeway** [frí:wèi]	고속도로
☐ **front seat** [frʌnt si:t]	앞좌석
☐ **gas** [gæs]	가스
☐ **GPS** (Global Positioning System)	내비게이션(navigation)
☐ **green light** [gri:n lait]	녹색 신호
☐ **highway** [háiwèi]	고속도로, 주요 도로
☐ **intersection** [intərsékʃən]	사거리
☐ **lane** [lein]	길, 선

☐ **locked door** [lɑkt dɔːr]		잠긴 문
☐ **manual gear** [mǽnjuəl giər]		수동 기어
☐ **occupy** [ákjupài]		차지하다
☐ **parallel parking** [pǽrəlèl páːrkiŋ]		평행 주차
☐ **park** [paːrk]		주차하다
☐ **parking brake** [páːrkiŋ breik]		주차 브레이크
☐ **parking meter** [páːrkiŋ míːtər]		주차요금 징수기
☐ **passenger** [pǽsəndʒər]		승객
☐ **pedestrian** [pədéstriən]		보행자
☐ **pedestrian crossing** [pədéstriən krɔ́ːsiŋ]		횡단보도
☐ **receipt** [risíːt]		영수증
☐ **red light** [red lait]		적색 신호
☐ **reserve** [rizə́ːrv]		지정하다
☐ **reserved taxi** [rizə́ːrvd tǽksi]		예약 택시
☐ **roundabout** [ráundəbàut]		로터리
☐ **seat belt** [siːt belt]		안전띠
☐ **speeding** [spíːdiŋ] **/ speed limit** [spíːd límit]		속도 위반 / 제한 속도
☐ **ticket** [tíkit]		승차권
☐ **traffic lights** [trǽfik laits]		교통 신호등
☐ **traffic signal** [trǽfik sígnəl]		교통 신호등
☐ **turn** [təːrn]		회전하다

2.1

Taxi drivers
택시 기사

Where to? / Where can I take you?

어디 가세요? / 어디로 모실까요?

Fasten your seat belt.

안전벨트를 착용하세요.

The total fare is seventeen thousand, four hundred won.

총 요금은 17,400원입니다.

Where should I stop?

어디서 정차해 드릴까요?

Here is OK?

여기 괜찮으세요?

Only three people in the backseat, please.

뒷좌석에 세 명까지만 앉을 수 있습니다.

Please use the front seat.

앞좌석을 이용해 주세요.

The door is not closed. / Please close the door again.

문이 닫히지 않았습니다. / 문을 다시 닫아주세요.

It will take about 15 minutes.
대략 15분 소요될 것입니다.

We'll get there in about 15 minutes.
우리는 그곳에 대략 15분 후에 도착합니다.

We're almost there.
우리는 거의 도착했습니다.

Sorry, the traffic is bad.
죄송합니다, 교통체증이 심각하네요.

Get out, please!
내리세요, 부탁이에요!

This car is reserved.
예약된 차량입니다.

It's too far.
너무 멉니다.

This car only goes to Seoul.
이 차량은 서울만 갑니다.

Sorry. Please take another car.
죄송합니다. 다른 차량을 이용하여 주세요.

You can pay with   cash.
credit card 신용카드
a T-money card 티머니 카드

현금으로 결제 가능합니다.

고객 Turn left.

좌회전하세요.

고객 Stop here.

여기서 멈춰주세요.

고객 Please speed up. / Please slow down.

속도를 내주세요. / 감속하여 주세요.

고객 Please go faster.

　　　　　　　 slower 더 천천히

더 빨리 가 주세요.

고객 Take the highway. / Don't take the highway.

고속도로로 가주세요. / 고속도로로 가지 마세요.

고객 Stop the car.

차를 멈춰주세요.

고객 Let me out.

제가 내리겠습니다.

고객 The door is locked.

문이 잠겼습니다.

고객 My seat belt doesn't work.

제 안전벨트는 고장났습니다.

고객 I need the receipt, please.
영수증 주세요.

고객 Please pull over here.
여기에 차를 대주세요.

Maximum 4 people.
최대 네 명입니다.

Do you have the address?
주소를 가지고 있으세요?

I need the address for the GPS.
내비게이션에 입력할 주소가 필요합니다.

Watch the curb when you exit.
나가실 때 경계석을 조심하세요.

There's an extra fare at night.
야간에는 할증 요금이 있습니다.

Driver:	Hello, where to?
기사	안녕하세요, 어디로 가세요?
Passenger:	Dongdaemun Design Plaza, please. How long will it take?
승객	동대문 디자인 플라자로 가주세요. 시간이 얼마나 걸릴까요?
Driver:	About twenty minutes. Please fasten your seatbelt.
	대략 20분 정도입니다. 안전벨트를 착용하여 주세요.

Driver:	OK, we're almost there. Where should I stop?
	네, 거의 도착했습니다. 어디에 세울까요?
Passenger:	On that corner, in front of the department store.
	백화점 앞에 코너에서 멈춰주세요.
Driver:	We're here. That'll be 17,000 won.
	다 왔습니다. 17,000원입니다.

>> 아래 고객의 응답에 알맞은 문장을 작성하세요.

· 정답 276p

1 -- .

→ Go to Incheon Airport, please.

2 -- .

→ Oh, OK. The address is "Daehak-ro 1-gil."

3 -- .

→ Please pull over by the subway station.

4 -- .

→ I can't. My seat belt doesn't work.

5 -- .

→ Here you go. Keep the change.

2.2

Parking attendants
주차요원

Keep this ticket.

이 주차권을 가지고 계세요.

You pay when you leave.

나가실 때 요금을 납부하세요.

You can't park in this space.

이 곳에 주차할 수 없습니다.

This is for disabled drivers.

여기는 장애인을 위한 곳입니다.

That spot is reserved.

여기는 지정석입니다.

This is only for female drivers.

여기는 여성 운전자 전용입니다.

One hour is seven thousand won.

1시간에 7,000원입니다.

고객 My car was scratched.

제 자동차가 긁혔습니다.

고객 Where can I park?

어디에 주차해야 합니까?

Turn left. Slowly!

좌회전하세요. 서행하세요!

Stop! / Go!

멈추세요! / 가세요!

Please park within the lines.

주차선 안쪽으로 주차하시기 바랍니다.

Park over there. / There's an empty parking space there.

저쪽에 주차해 주세요. / 저기에 주차 공간이 있습니다.

There are empty spaces on the B2 floor.

지하 2층에는 비어있는 주차공간이 있습니다.

Park it in reverse.

후방 주차하세요.

You are occupying two spots.

주차 공간 두 곳을 차지하고 있습니다.

It's too small for your car.

당신의 차에는 너무 좁습니다.

Put the gear in reverse.

기어를 후진으로 놓으세요.

Let me park it for you.

제가 대신 주차해 드리겠습니다.

Turn <u>off</u> your engine.

       on 켜다

엔진을 <u>끄세요</u>.

Don't forget to switch off your lights.

라이트 끄는 것을 잊지 마세요.

Don't leave any valuables in the car.

귀중품을 차 안에 두지 마세요.

Your car can't fit in that spot.

당신 차는 그 곳에 들어갈 수 없습니다.

Be careful of the curb.

도로 경계석을 조심하세요.

The exit is over there. Follow the arrows on the ground.

출구는 저쪽입니다. 지면 위 화살표를 따라가세요.

You are parked in section C12.

당신 차는 C12 구역에 주차되었습니다.

We charge per hour.

우리는 시간 당 요금을 받습니다.

You <u>can</u> leave your car overnight.

      can't 할 수 없다

밤새도록 차를 이곳에 주차<u>할 수 있습니다</u>.

This floor is only for employees. General parking is on basement floors 3 to 5.

이 층은 직원 전용입니다. 일반 주차는 지하 3층부터 5층까지입니다.

건물 층에 대해 이야기하기

- 우리가 건물 층수에 대해 이야기할 때 **floor**(층)라는 단어를 사용합니다. **first floor, second floor, third floor** 처럼 서수를 사용합니다.

  The bathroom is on the 2nd floor.
  화장실은 2층에 있습니다.

- 고층 빌딩의 1층에 있을 때는 **ground floor**(지상층)나 그냥 **lobby**(로비)라는 단어로 1층을 표현할 수 있습니다.

  Please deliver the package to the security office on the ground floor.
  1층의 경비실로 소포를 배달해주세요.

- 지하에 있는 층을 말할 때는 **basement floors**(지하층)라고 부르고, **B5**는 **basement floor 5**이라고 읽습니다.

  You can park your car on basement floor 5.
  자동차는 지하 5층에 주차 가능합니다.

Driver: 운전자	**Are there any empty parking spaces?** 비어있는 주차 공간이 있습니까?
Parking Attendant: 주차요원	**There are some empty spaces on basement level 3.** 지하 3층에 비어있는 주차 공간이 있습니다.
Driver:	**How much is it?** 요금은 얼마입니까?
Parking Attendant:	**One hour is six thousand won. Keep this ticket to pay when you leave.** 1시간에 6,000원입니다. 나가실 때 주차요금 결제를 위해 이 주차권을 소지하시기 바랍니다.
Driver:	**Thank you.** 고맙습니다.
Parking Attendant:	**Oh, you can't park there. That spot is reserved.** 거기에 주차하실 수 없습니다. 그 곳은 지정된 자리입니다. **(→예약된 곳입니다)**

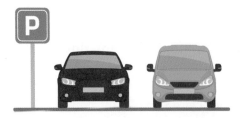

>> 고객으로부터 아래와 같은 질문을 받을 경우 어떻게 하시겠습니까? 이번 단원에서 학습한 내용을 기반으로 알맞은 문장을 작성하세요.

• 정답 277p

1 Where can I park?

→ _____ .

2 How much should I pay?

→ _____ .

3 There are no empty spaces here.

→ _____ .

4 Can I park here?

→ _____ .

5 Can I get in this spot?

→ _____ .

CULTURE TIP

Traffic and Road Signs
교통과 표지판

✿ 여러분이 운전자이든 승객이든간에, 영어로 된 도로 표지판을 이해하는 데 도움이 될 것입니다. 여기 번역된 일반적인 표지판 기호들이 있습니다.

no overtaking 추월 금지	**no parking or stopping** 주정차 금지	**no entry** 진입 금지	**slow down** 서행
unprotected left turn 비보호 좌회전	**one-way street** 일방통행로	**pedestrians only** 보행자 전용	**lane for bus only** 버스 전용 차선
approaching intersection 교차로에 들어서있다.	**approaching roundabout** 로터리에 들어서있다.	**right-sided double bend** 우좌로 이중굽은도로	**speed humps ahead** 앞에 과속 방지턱

Chapter 3

Food and Restaurants
음식과 식당

Vital Vocabulary

☐ **allergy** [ǽlərdʒi]	알레르기
☐ **apron** [éiprən]	앞치마
☐ **beef** [biːf]	소고기
☐ **belch** [beltʃ]	트림을 하다
☐ **bowl** [boul]	그릇
☐ **calorie** [kǽləri]	칼로리
☐ **chicken** [tʃíkən]	닭고기
☐ **combo** [kámbou]	세트 메뉴
☐ **condiment** [kándəmənt]	조미료, 양념
☐ **fork** [fɔːrk]	포크
☐ **knife** [naif]	나이프
☐ **lactose intolerant** [lǽktous intálərənt]	유당 불내증 (우유 속에 들어있는 유당 성분인 락토오스를 소화하지 못하는 증상)
☐ **moan** [moun]	신음하다
☐ **napkin** [nǽpkin]	냅킨
☐ **nutrition** [njuːtríʃən]	영양소
☐ **order** [ɔ́ːrdər]	주문하다

☐ **party** [pάːrti]	일행, 단체
☐ **pork** [pɔːrk]	돼지고기
☐ **refund** [rifʌnd]	환불, 환급하다
☐ **seafood** [síːfùːd]	해산물
☐ **seat** [siːt]	좌석
☐ **share** [ʃɛər]	나누다
☐ **slurp** [sləːrp]	시끄럽게 소리내어 먹다
☐ **smack** [smæk]	쩝쩝거리다
☐ **soup** [suːp]	국, 수프
☐ **sugar-free** [ʃúɡərfrìː]	무가당의, 무설탕의
☐ **table** [téibl]	테이블
☐ **toothpick** [túːθpìk]	이쑤시개
☐ **utensil** [juːténsəl]	식기
☐ **vegetarian** [vèdʒətéəriən]	채식주의자
☐ **wet tissue** [wet tíʃuː]	물티슈
☐ **wet wipe** [wet waip]	물티슈

3.1 Seating and taking orders
좌석 배정 및 주문 받기

Have a seat.

앉으세요.

Are you ready to order?

주문하시겠습니까?

What would you like? / What can I get you?

무엇을 드시겠습니까? / 무엇을 주문하시겠습니까?

`고객` **I'll have the bibimbap, please.**

저는 비빔밥을 먹겠습니다.

`고객` **Could I get the Big Mac combo?**

빅맥 세트로 주세요.

English Note
세트(set)

한국에서는 패스트푸드점(McDonald, KFC [Kentucky Fried Chicken] 등)에서 주문할 때 음식과 음료, 사이드 디시를 포함해 주문하는 것을 '세트'라고 부릅니다. 하지만, 영어권 나라에서 **set menu**는 한정된 메뉴로만 정해진 한국에서의 '코스 요리'와 흡사합니다. 영어권 패스트푸드점에서는 **combo**라는 단어를 사용합니다.

I'll have the crispy chicken combo, please.
크리스피 치킨 세트 주세요.

How many people? / How many in your party?
몇 분이세요? / 일행이 몇 분입니까?

Please order at the counter.
계산대에서 주문해 주세요.

Will that be all? / Anything else?
이게 전부인가요? / 다른 것 더 하시겠습니까?

Can I get you anything with that?
다른 것도 더 하시겠습니까?

Your food will be here shortly.
손님께서 주문하신 음식은 곧 나올 겁니다.

It's spicy. / This is very spicy. / It's not that spicy.
매워요. / 이 음식은 너무 맵습니다. / 많이 맵지는 않습니다.

It's too big for one person.
1인분이 양이 많습니다.

It's big enough to share.
나누어 먹을 만큼 양이 많습니다.

I recommend this one...
...이 음식을 추천합니다.

This is only for two people.
이것은 2인분만 주문 가능합니다.

고객 What do you recommend?
무엇을 추천하시겠습니까?

This pasta is one of our most popular dishes.
이 파스타는 인기 있는 음식 중의 하나입니다.

It contains <u>salt.</u>
        pepper 후춧가루
        garlic 마늘
        cilantro / coriander 고수 잎 / 고수
<u>소금</u>이 들어갑니다.

고객 **Hold the pickles, please. / No pickles, please.**
피클 넣지 말아주세요. / 피클 빼주세요.

고객 **Does this contain meat? / I can't eat meat.**
이 음식은 고기가 들어갑니까? / 저는 고기를 못 먹습니다.

Is meat OK?
고기 괜찮으세요?

고객 **I'd like to cancel this order.**
이 주문을 취소하고 싶습니다.

How would you like your steak/eggs/potatoes?
스테이크/계란/감자 요리를 어떻게 해드릴까요?

Do you want us to bring it separately or altogether?
음식을 따로 가져다 드릴까요 아니면 한꺼번에 가져다 드릴까요?

고객 **Do you have a kids menu?**
어린이 메뉴가 있습니까?

고객 It's his birthday. Can you prepare something to celebrate?

그의 생일입니다. 축하 준비를 해주실 수 있겠습니까?

Here's your order. Enjoy your meal!

주문하신 것 나왔습니다. 식사 맛있게 드세요!

We're out of cookies.

쿠키가 다 떨어졌습니다.

It'll take 10 minutes to bake some more. Do you mind waiting?

좀 더 굽는 데 10분 소요될 것입니다. 기다리셔도 괜찮으세요?

Just let me know if you need anything else.

더 필요하신 것 있으시면 알려주세요.

Soup is included in the price.

음식 가격에 수프가 포함되었습니다.

 Konglish Note
서비스(service)

service라는 어휘는 증정품을 주거나 또는 호의를 말하는 것이 아닙니다. 영어권에서 돈을 받지 않고 공짜로 무언가를 줄 때 **complimentary**(무료로)라는 형용사를 사용합니다.

Here are some complimentary drinks.
무료로 제공하는 음료입니다.
Here are some fruits for dessert. It's on the house.
후식용 과일입니다. 여기서 제공하는 것입니다.

또한 **It's on the house.** (여기서 주인이 내는 것입니다)라는 표현은 무료로 드린다는 뜻입니다.

Waiter: **Hi, welcome. Have a seat.**
(남)직원 어서 오세요. 자리에 앉으세요.

Guest: **Could I see the menu?**
손님 메뉴 좀 보여주시겠어요?

Waiter: **Here you go.**
여기 있습니다.

Waiter: **Are you ready to order?**
주문하시겠습니까?

Guest: **I'll have this one please.**
저는 이 요리를 먹겠습니다.

Waiter: **Are you sure? It contains kimchi. It's a bit spicy.**
괜찮으세요? 김치가 들어간 요리입니다. 약간 맵습니다.

Guest: **That's OK.**
괜찮습니다.

>> 식당에서 주문을 받는 상황이라는 가정 하에, 아래 대화문의
빈칸을 채워 넣으세요.

• 정답 278p

Waiter: Hello, _____?

Customer: I'm not sure. What do you recommend?

Waiter: _____.

Customer: Hmm, is it spicy?

Waiter: No, _____.

Customer: OK, I'll have that one. Thanks.

3.2

During the meal
and leaving the restaurant
식사하기와 계산

고객 **Can I get**   more side dishes?
                     a wet tissue 물 티슈
                     a knife 칼
                     an extra dish 여분의 접시 한 개
반찬 좀 더 주시겠습니까?

고객 **This food is cold. Can you reheat it?**
이 음식은 식었습니다. 다시 데워주시겠습니까?

I'm so sorry, let me take it back to the kitchen.
죄송합니다, 다시 주방으로 가져가겠습니다.

고객 **I want a refund.**
환불하여 주세요.
고객 **I didn't order this.**
저는 이것을 주문하지 않았습니다.

Can I take this? / Can I remove this? (사용한 접시를 치울 때)
이것을 가져가도 되나요? / 이것을 치워드려도 될까요?

고객 **Can I get the check?**
                              bill 계산서
계산서를 가져다 주시겠습니까?

고객 **We'd like to pay.**
결제하겠습니다.

고객 **Where should I pay?**
어디서 결제해야 합니까?

Please pay   here.
                     at the counter 계산대에서
여기서 결제해 주세요.

Would you like to pay separately or altogether?
따로 계산하시겠습니까 아니면 같이 계산하시겠습니까?

Konglish Note
셀프 (self)

한국 식당에서는 식수와 반찬들이 놓여 있는 곳에 '셀프'라고 적어 둔 곳이 많습니다. 그러나 영어권에서는 주로 **self-service**나 **complimentary**라고 적혀 있습니다.

Water and side dishes are self-service.
물과 반찬은 셀프 서비스입니다.

이전 장에서 보았듯이 한국과 서양은 **service**라는 단어를 다르게 사용합니다. 영어권에서의 **service**는 고객들을 위해 주방장과 웨이터들이 음식을 가져다주는 등의 행위를 하는 것에 **service**라는 단어를 사용합니다.

This restaurant has good service.
이 레스토랑은 서비스가 좋다(매우 친절하다).

Please pay in advance / up front before the meal.
식사하시기 전에 미리 / 선불로 결제해 주세요.

`고객` **Separate checks, please.**
각자 계산해 주세요.

How was your meal? / Did you enjoy your meal?
식사 어떠셨어요? / 맛있게 드셨습니까?

`고객` **It was great.**
아주 좋았습니다.
It was delicious.
매우 맛있었습니다.

`고객` **Could you wrap this?**
이것을 포장해 주시겠습니까?

`고객` **Could we get this to go?**
이것을 가지고 가도 될까요?(남은 음식을 포장해 가고자 할 때)

Do you need the receipt?
영수증 필요하십니까?

Don't forget your things!
소지품 챙기는 것 잊지 마세요!

Tips are not necessary. / You don't have to tip.
팁은 필요 없습니다. / 팁은 주지 않으셔도 됩니다.

Sorry, we don't accept (foreign) credit cards.
죄송합니다만, 저희는 (외국) 신용카드를 받지 않습니다.

English Note
서비스 질문

서비스업에 종사하시는 분들이 고객들과 하는 대화는 대부분 몇 가지 패턴의 질문들로 이루어져 있는데 그 형식은 두 가지가 있습니다.
첫 번째 형식은 의견을 물을 때 사용하는 육하 원칙과 같은 질문입니다.

When: 시간
언제

When is your reservation for?
예약은 언제로 해 드릴까요?

Where: 장소
어느 곳

Where should I put your drink?
음료는 어느 곳에 놓아드릴까요?

What: 물건이나 행동의 대상
무엇

What can I get you?
무엇을 가져다 드릴까요?

How: 방법이나 조건
어떻게

How would you like your steak?
스테이크는 어떻게 해드릴까요?(어느 정도 구울지)

두 번째 형식은 '조동사형 질문'입니다.

Could / Can 조동사 활용형

Can I get you anything else?
그 밖에 더 필요하신 게 있으세요?

Do 조동사 활용형

Do you want more water?
물을 더 원하십니까?

May 조동사 활용형

May I take your order?
주문하시겠어요?

Will 조동사 활용형

Will that be all, sir?
손님, 그것이 (주문의) 전부인가요?

Customer: Waiter, we'd like to pay.
고객 웨이터, 결제하고자 합니다.

Waiter: OK, please pay at the entrance. How was your meal?
남자직원 입구에서 결제해 주세요. 식사는 맛있게 드셨습니까?

Customer: Very good, thanks.
아주 맛있었습니다, 고맙습니다.

Waiter: Your total comes to twelve thousand, five hundred won.
모두 12,500원입니다.

Customer: Can I pay with this card?
이 신용카드로 결제해도 될까요?

Waiter: Sorry, we don't accept foreign credit cards.
죄송합니다, 저희는 해외 신용카드는 받지 않습니다.

Customer: OK, I'll pay in cash then.
네, 그렇다면 현금으로 결제하겠습니다.

Waiter: Thank you. Here's your receipt.
고맙습니다. 여기 영수증입니다.

➤➤ 고객으로부터 받은 아래의 의견에 대해 어떻게 대답하시겠습니까? 적절한 대답을 아래 빈칸에 써 넣으세요.

•정답 279p

1 This food is cold.

→ _____ .

2 Where should I pay?

→ _____ .

3 Can I get some more side dishes?

→ _____ .

4 Can I pay with this card?

→ _____ .

5 How much should I pay?

→ _____ .

3.3

Cafes 카페

Do you want that in a mug or a take-out cup?
머그컵에 드시겠습니까, 아니면 테이크 아웃컵으로 드시겠습니까?

Iced or hot?
차가운 것과 따뜻한 것 중 어느 것으로 하시겠습니까?

Do you want whipped cream in it?
휘핑 크림을 넣어드릴까요?

With cream or sugar?
크림 또는 설탕을 넣을까요?

고객 ### I'm lactose intolerant.
저는 유당 불내증이 있어 우유나 유제품 음식은 소화를 잘 못합니다.

고객 ### Do you have any sugar-free drinks?
무설탕 음료가 있습니까?

고객 ### Can you make it strong?
                          mild 순한 맛(순하게)

강한 맛으로(진하게) 해 주시겠습니까?

Please return your tray to the counter.
쟁반은 계산대에 반환하여 주세요.

The cake is 5,700 won per slice.
그 케이크는 한 조각에 5,700원입니다.

We have three sizes: Regular, large and extra large.
우리는 세 가지 종류의 크기가 있습니다. 중, 대, 특대 크기입니다.

Try our homemade cookies.
저희 집에서 만든 쿠키를 드셔보세요.

Be careful, it's hot.
조심하세요, 뜨겁습니다.

Konglish Note
homemade vs. handmade

이 두 단어는 한국 광고에서 종종 혼용되는 단어입니다. 하지만 뜻은 차이가 있습니다.
homemade는 **at home** 가정에서 직접 만들었다는 것으로, 가족을 위해서 만든 건강한 제품이라는 느낌을 줍니다.
handmade는 기계 생산이 아닌 수공예품이며 장인의 정신으로 정성스럽게 만든 제품임을 강조합니다. 다음 예문으로 다른 점을 살펴볼 수 있습니다.

homemade ⟶ **pizza / beer / desserts / soap**
홈메이드 　　　　　피자/맥주/디저트/비누
(집에서 만든)

handmade ⟶ **presents / decorations / cards / furniture**
핸드메이드 　　　　선물/장식/카드/가구
(기계가 아닌 손으로 만든)

Barista: 바리스타	**Hi, what can I get you?** 안녕하세요, 무엇을 주문하시겠습니까?
Customer: 고객	**I'd like a plain coffee.** 블랙커피 주세요.
Barista:	**Iced or hot?** 시원한 것과 따뜻한 것 중 어느 것을 하시겠습니까?
Customer:	**Hot, please. Also, do you have any sugar-free drinks?** 따뜻한 것으로 주세요. 무설탕 음료수 있습니까?
Barista:	**Yes, all of our teas are sugar-free.** 네, 모든 차는 무가당입니다.
Customer:	**Then I'll have two chamomile teas.** 그럼 카모마일 차 두 잔 주세요.
Barista:	**What size would you like? We have two sizes, regular and large.** 사이즈는 어떤 것으로 하시겠습니까? 저희는 레귤러와 라지 두 종류가 있습니다.
Customer:	**Hmm, regular, please.** 음, 레귤러로 주세요.
Barista:	**Do you want that in a mug or a takeout cup?** 머그컵에 드시겠습니까 아니면 테이크아웃 컵으로 드시겠어요?
Customer:	**To go, please.** 테이크아웃 컵으로 주세요.

>> 왼쪽에 있는 단어의 뜻과 관련있는 단어를 오른쪽에서 찾아
연결하세요.

・정답 280p

1 whipped   ・   ・ strong

2 cake   ・   ・ counter

3 homemade ・   ・ cream

4 tray   ・   ・ mug

5 mild   ・   ・ slice

6 take-out cup ・   ・ pizza

CULTURE TIP

Table Manners and Food Culture
식탁 예절과 음식 문화

✬ 여러분이 만약 요식업에 종사하신다면 동서양의 다양한 식사 문화에 대해 알고 있는 것이 좋습니다.

✬ 서양 사람들은 식사 시간을 다소 길게 가집니다. 그들은 천천히 식사하면서 대화하는 것을 즐기기 때문입니다. 만약 여러분이 그곳에 가서 음식을 주문하고 빠른 식사를 제공받기를 원한다면 그들은 당황하거나 불쾌하게 생각할 수도 있습니다.

✬ 일반적으로 서양 사람들은 식사 방법과 식기를 놓는 위치 등에는 그다지 격식을 차리지 않습니다. 다만 그들은 식사를 하면서 후르르 소리를 내거나 트림을 하거나 또는 쩝쩝거리는 소리를 내지 않는 것이 예의라고 생각합니다.

✬ 젊은 사람들 사이에서는 한 그릇에 담겨있는 음식을 수저를 통해 나눠 먹지는 않지만 빵, 프라이드 치킨과 같은 특정한 음식을 그냥 손으로 먹는 것은 무례하다고 생각하지는 않습니다.

✬ 한국인들은 식사를 마친 후에야 물을 마시지만 서양 사람들은 식사 중에 물을 자주 마시는 경향이 있습니다. 그러니 그들이 물을 여러 번 요청하는 것을 이해하셔야 합니다.

✬ 아시아 사람들이 아닌 사람들은 젓가락을 잘 사용하지 못한다는 고정관념이 있지만 세계 대부분의 대도시에는 아시아 식당들이 있으며, 많은 사람들이 젓가락으로 음식을 먹는 데 능숙합니다. 만약 누군가가 젓가락 사용에 불편을 느낀다면 즉시 나이프와 포크를 제공하셔야 합니다.

✬ 최근에 사람들은 건강에 대한 의식이 높아졌으며, **vegetarian**[vèdʒətéəriən](채식주의자)나 **vegan**[védʒən](완전 채식주의자) 요리를 찾는 고객들도 있을 것입니다. 또한 이슬람교도들은 **halal**[həlάːl] 음식을 찾거나 유대인 고객들이 **kosher**[kóuʃər] 음식을 찾을 수도 있습니다.

Chapter 4

Sales and Services
영업과 서비스 업무

Vital Vocabulary

☐ **aisle** [ail]   복도, 통로

☐ **appliance** [əpláiəns]   가전제품, 기기

☐ **brand** [brænd]   상표

☐ **button** [bʌ́tən]   단추

☐ **collection** [kəlékʃən]   컬렉션(패션 디자이너 등의 신작품)

☐ **cosmetics** [kɑzmétiks]   화장품

☐ **cotton** [kɑ́tn]   면

☐ **delivery service** [dilívəri sə́ːrvis]   배달 서비스

☐ **design** [dizáin]   디자인

☐ **dress** [dres]   드레스

☐ **electronic** [ilèktrɑ́nik]   전자기기

☐ **eligible** [élidʒəbl]   자격이 있는

☐ **ethnic** [éθnik]   민족의

☐ **expiration** [èkspəréiʃən]   유효 기간

☐ **fabric** [fǽbrik]   섬유

☐ **furnishing** [fə́ːrniʃiŋ]   가구

☐ **gift wrapping** [gíft rǽpiŋ]   선물 포장

☐ **international** [intərnǽʃənəl]   국제적인

☐ **leather** [léðər]   가죽

☐ **massive** [mǽsiv]   대규모의, 대량의

☐ **perfume** [pə́ːrfjuːm]   향수, 향기

☐ **price tag** [prais tæg]   가격표

☐ **purchase** [pə́ːrtʃəs]   구입, 구입한 물건

☐ **refund** [rí:fʌnd]	환급, 환불
☐ **retail** [rí:teil]	소매
☐ **rip** [rip]	찢어지다
☐ **ripe** [raip]	잘 익은
☐ **sale** [seil]	할인판매, 세일
☐ **security tag** [sikjúərəti tæg]	보안 태그
☐ **shirt** [ʃə:rt]	셔츠
☐ **shoehorn** [ʃú:hɔ̀:rn]	구둣주걱
☐ **shoes** [ʃu:z]	신발
☐ **shopping bag** [ʃɑ́piŋ bæg]	종이 포장백
☐ **silk** [silk]	비단
☐ **size** [saiz]	사이즈
☐ **socks** [sɑks]	양말
☐ **souvenir** [sù:vəníər]	기념품
☐ **sports shoes** [spɔ:rts ʃu:z]	운동화
☐ **stained** [steind]	얼룩진, 오염된
☐ **style** [stail]	스타일
☐ **T-shirt** [tí:ʃə:rt]	티셔츠
☐ **warranty** [wɔ́:rənti]	보증
☐ **winter clothes** [wíntər klouz]	겨울옷
☐ **wrong** [rɔ:ŋ]	잘못된, 틀린
☐ **zipper** [zípər]	지퍼

4.1

Shopping
쇼핑

Clothes Shopping / Department Store
의류 쇼핑 / 백화점 매장

고객 **I'm looking for a new bag.**

저는 새로 나온 가방을 찾고 있습니다.

Business or casual?

출근용 입니까? 아니면 평상시 사용할 용도입니까?

Why don't you try it on?

them 그것들

그것 한 번 착용해 보시는 게 어떠세요?

고객 **Do you have this in a different size?**

color 색상

다른 사이즈 있습니까?

고객 **It's too big.**

small 작은

너무 큽니다.

We don't have that <u>size.</u>
                                    color 색상
그 <u>사이즈</u>는 없습니다.

The changing room is over there.
탈의실은 저쪽에 있습니다.

Try this shoehorn.
구둣주걱을 사용해 보세요.

The shoes are over here. Please follow me.
그 신발은 이쪽에 있습니다. 저를 따라오세요.

The shirts are in the men's section.
그 셔츠는 남성복 코너에 있습니다.

It's in the next aisle.
다음 통로에 있습니다.

It's 100% cotton.
순면 100%입니다.

It's real leather.
진짜 가죽입니다.

I have to take off the security tag.
도난 방지 태그를 제거해야 합니다.

(도난 경보기 기기에서) Don't worry. The alarm goes off sometimes. You can pass.
걱정하지 마세요. 경보기가 가끔 울립니다. 통과하셔도 됩니다.

Supermarket or Convenience Store
슈퍼마켓이나 편의점

고객 **There's no price tag / label on this.**

이 옷에는 가격표 / 상표가 없습니다.

고객 **(식품에 관한) This has expired. / It's past the expiration date.**

이것은 유통 기한이 지났습니다.

고객 **(과일에 관한) Is this ripe? / Is this in season?**

이것은 익었습니까? / 이것은 제철 과일입니까?

I can't scan the barcode. Let me find another item.

바코드가 읽히지 않습니다. 다른 물품을 찾아보겠습니다.

This is the self-checkout aisle.

여기는 셀프 체크아웃 통로입니다.

This aisle is only for customers with less than ten items.

이 통로는 10개 이하 물품을 구매하신 고객을 위한 곳입니다.

This aisle is cash-only.
             credit card-only 신용카드 전용

이 쪽은 현금 전용입니다.

This is out of stock.

이것은 품절입니다.

Let me check if we have more in the back.
                                in stock 창고

뒤쪽에 더 있는지 확인해 보겠습니다.

마트 코너

● 아래의 표현들은 슈퍼마켓이나 백화점에서 찾아볼 수 있는 다양한 코너의 이름들입니다.

슈퍼마켓

Dairy section 유제품	**Produce section** 농산물
Frozen foods section 냉동 식품	**Bakery** 제과 제빵
Deli 조리 식품(간단한 핫도그 등)	**Ethnic / international foods** 전통 / 외국 식품

백화점

Home electronics 가전제품	**Sporting and casual** 스포츠 캐주얼
Home furnishings 가정용 가구	**Food court** 푸드 코트
Perfume and cosmetics 향수와 화장품	**Large appliances** 대형 가전
Office furnishings 사무용 가구	

Shopper: Hello, I'm looking for a new shirt.
쇼핑 고객   안녕하세요, 저는 새로 나온 셔츠를 찾고 있습니다.

Clerk: Business or casual?
직원   출근용 입니까 아니면 평상시 입으실 건가요?

Shopper: Casual. I'd prefer a light fabric.
평상시 입을 겁니다. 저는 가벼운 옷감을 선호합니다.

Clerk: How about this one? It's made from 100% cotton.
이건 어때요? 순면 100%로 만들어졌습니다.

Shopper: Oh, good. Can I try it on?
오, 좋습니다. 제가 한 번 입어봐도 될까요?

Clerk: Of course, the changing rooms are over here.
물론입니다, 갈아 입는 곳은 이쪽입니다.

Shopper: It's a bit big for me. Do you have it in a smaller size?
그것은 저에게 약간 큽니다. 더 작은 사이즈 있습니까?

Clerk: Let me check in the back. Please wait.
뒤쪽으로 가서 확인해 보겠습니다. 기다려주세요.

>> 순서의 흐름에 맞지 않은 다음 대화문을 읽고, 순서가 맞도록
빈칸에 (1-7) 숫자를 넣으세요.

• 정답 281p

(   ) It fits pretty well. But do you have it in a different color?

(   ) Oh, the design is pretty. But I don't know if it will fit me.

(   ) How can I help you?

(   ) Follow me, please. This shirt is very popular these days.

(   ) I'm looking for a new top. Something light, with short sleeves.

(   ) Why don't you try it on? The changing rooms are over here.

(   ) Let me check in the back. Please wait.

Chapter 4

4.2 Giving recommendations and making a sale
추천하기 및 영업하기

Do you need help? / Can I help you?

도움이 필요하십니까? / 제가 도와 드릴까요?

`고객` **That's OK, I'm just browsing.**

괜찮습니다, 저는 그냥 둘러보는 것입니다.

Let me know if you need any help.

도움이 필요하시면 말씀하세요.

`고객` **I'm looking for a gift.**

　　　　　　　　　a souvenir 기념품

　　　　　　　　　a new top 새 윗옷

저는 선물을 고르고 있습니다.

`고객` **What do you recommend?**

어떤 것을 추천하십니까?

`고객` **Could you recommend something?**

뭐 좀 추천해 주시겠습니까?

This one is very popular these days.

이 제품이 요즘 가장 인기 있습니다.

고객 **Personally, I like this one.**

개인적으로, 저는 이것이 마음에 듭니다.

These are the same earrings that Suzi wore in her drama.

이것들은 수지가 출연하는 드라마에서 수지가 하고 있던 것과 같은 귀걸이입니다.

This collection is selling well.

이 컬렉션(신상품)은 잘 팔립니다.

You can always exchange it if doesn't fit you.

만약 맞지 않는다면 언제든지 교환할 수 있습니다.

If you need my help, I'll be right over here.

도움이 필요하실 경우, 저는 여기에 있을 것입니다.

This just came in.

이것은 지금 막 나왔습니다.(신상품입니다)

What brand are you looking for?

어떤 브랜드를 찾고 계세요?

Any particular brand?
                      style 스타일

특정 브랜드를 찾으세요?

It looks good on you. / This one looks good on you.

그것은 당신에게 잘 어울립니다. / 이것은 당신에게 잘 맞습니다.

The <u>color</u> suits you.
    style 스타일
<u>색상</u>이 당신에게 잘 어울립니다.

The sale only lasts until the end of this week.
세일은 이번 주말까지입니다.

It has a 6-month warranty. You can get it repaired free of charge.
6개월동안 보증됩니다. 무료로 고쳐 드립니다.

It's a brand-new model, so it features the latest technology.
신제품이며, 최첨단 기술이 특징입니다.

고객 I'm looking for a gift for my mother. Could you recommend something?
저는 엄마 선물을 찾고 있습니다. 추천해 주시겠습니까?

고객 What brand is popular for older women?
중년 여성에게 인기 많은 브랜드는 무엇입니까?

Take your time. You don't have to decide right now.
천천히 하세요. 지금 당장 결정하지 않아도 됩니다.

This shirt is made from natural materials. It's good for your skin.
이 셔츠는 천연소재로 만들어졌어요. 피부에 좋습니다.

Here's a catalogue if you want to see some more designs.
좀 더 다양한 디자인을 보고 싶으시면 여기 카달로그가 있습니다.

The latest trends seem to favor light colors.
요즘 트렌드는 옅은 색상을 선호하는 것 같습니다.

Most Koreans prefer this style. How about in your home country?
대부분의 한국인들은 이 스타일을 선호합니다. 당신 나라에서는 어떻습니까?

English Note
How about~?

많은 한국 학생들은 의견을 물을 때에 **how about**을 사용하는 것으로 배웠습니다. 하지만, 새로운 대화나 주제를 시작할 때는 이 표현을 사용하지 않습니다. 영어에서 **how about**은 이미 듣는 사람에게 알려진 주제에 대하여 질문하거나 어떤 제안에 답을 할 때 사용합니다.

1) **How about your country?** (X)
   당신의 나라는 어때요?

   Koreans like bright colors. How about in your country? (O)
   한국인은 밝은 색깔을 좋아합니다. 당신의 나라(국민들)는 어때요?

2) **A: I'm looking for a green sweater.**
   저는 그린색 스웨터를 찾고 있습니다.

   B: How about this one? (O)
   이것은 어때요?

Salesman: Hello, can I help you with anything?

판매자   안녕하세요, 무엇을 도와드릴까요?

Shopper: Hi, I'm actually looking for some new earrings.

쇼핑 고객   안녕하세요, 사실 저는 신상품 귀걸이를 찾고 있습니다.

Salesman: Any particular brand?

찾으시는 특정 브랜드가 있나요?

Shopper: Not really, but I'd like to buy a Korean brand.

별로 없습니다만 한국 브랜드를 사고 싶습니다.

Salesman: In that case, I recommend these. They're very popular these days.

그러시면, 저는 이것을 추천합니다. 요즘 아주 인기가 많은 제품입니다.

Shopper: They're very pretty! I'll try them on.

너무 예쁘네요! 한번 착용해 보겠습니다.

Salesman: Take your time. I'll be over here if you need me.

천천히 보세요. 여기 있을 테니 도움이 필요하시면 말씀하세요.

>> 고객들이 아래의 상품 구매를 망설이고 있습니다. 고객을 설득하기 위해 뭐라고 말씀하시겠습니까? 최고의 영업 실적을 달성하기 위해 여러분의 상상력을 발휘하세요.

• 정답 282p

1

2

_____

3

_____

4

_____

5

_____

_____

4.3

Paying and refunds
결제 및 환불

Next customer, please.

다음 고객님 오세요.

Use the next register, please.

옆의 계산대를 사용하세요.

This is the final price. There is no extra tax.

이것이 최종 가격입니다. 추가 세금은 없습니다.

English Note
'고객'을 호칭할 때

한국에서는 고객을 '손님' 또는 '고객님'으로 호칭하는 경우가 많지만 영어권에서는 호텔에 방문했다면 **guest**로, 무엇인가를 구매했다면 **customer**로 구분됩니다. 그러나 이 단어들은 직원들 사이에서 사용되는 호칭입니다.

This customer is looking for a shirt. 이 손님은 셔츠를 찾고 계십니다.

Bags are three hundred won each.

포장백은 한 개에 300원입니다.

Do you need a bag?

포장백이 필요하십니까?

고객 **No, thanks. I have my own.**

아뇨, 괜찮습니다. 저는 제 가방이 있습니다.

Can I see your receipt?

영수증을 봐도 될까요?

Keep the receipt if you want to exchange it.

물품 교환을 원하실 경우 영수증을 보관해 주시기 바랍니다.

We can't exchange it without the receipt.

영수증이 없을 경우 교환해드리지 않습니다.

Would you like to exchange it or do you want your money back?

물품 교환을 원하세요, 아니시면 환불을 원하세요?

Sorry, you can't exchange it. / It's not possible to exchange this.

죄송합니다, 교환은 불가능합니다. / 이 물품은 교환이 불가능합니다.

You can exchange it until this date.

이 날짜까지는 교환이 가능합니다.

I'm sorry. The deadline for exchanging it was two weeks after the purchasing date.

죄송합니다. 물품 교환이 가능한 기한은 구매한 날로부터 2주였습니다.

Unfortunately, your warranty expired in April. If you want us to fix the phone, it will cost 220,000 won.

아쉽게도, 보증 기간은 4월에 만료되었습니다. 만약 전화기를 수리받고자 하실 경우 220,000원의 비용이 발생합니다.

We can't give you your money back. But you can exchange it for a similar product.

환불을 해드릴 수 없습니다. 하지만 유사한 제품으로 교환은 가능합니다.

고객 **What is your return policy?**

반품 정책이 어떻게 되나요?

This shirt is dirty.
              ripped 찢어진
              stained 얼룩진
              broken 훼손된
              the wrong size 사이즈가 맞지 않은

이 셔츠는 더럽습니다.

Konglish Note
Item

한국에서는 상품을 언급하면서 '**item**'이라는 단어를 사용합니다.
Which item do you like? (어떤 아이템을 원하세요?) 하는 경우처럼요.
영어에서는 **item**보다는 **product**라는 단어를 사용합니다.
특정하지 않은 물건에는 **one**(것)이라고 쓰기도 합니다.

Which item do you like?(X)

Which product do you like?(O) 어떤 상품을 원하세요?

Which one do you like?(O) 어떤 것을 원하세요?

세금 환급

● 외국 관광객들은 내국인이 아니기 때문에 대부분의 상품에 포함된 10 퍼센트의 부가 가치세를 낼 필요가 없습니다. 그래서 상점에서 3만 원 이상 구매하면 세금 환급을 신청할 수 있습니다.

Your purchase is eligible for a tax refund.
구매품은 세금 환급을 받으실 수 있습니다.

You can get a tax refund when you leave Korea.
한국을 떠나기 전에 세금 환급을 받으실 수 있습니다.

● 일부 가게에서는 직접 세금 환급을 해주기도 합니다. 그러나 대다수는 공항에서 한국을 떠나기 전 환급을 받습니다. 여권의 유효 기간을 확인하고 세금 환급 양식을 작성한 후에 공항 내 세관에 제출하면 됩니다.

Show this tax refund form when you get to the airport.
공항에 도착하면 이 세금 환급 양식을 보여주세요.

This is a tax refund form. Give it at the "tax refund counter" when you leave Korea.
이것은 세금 환급 양식입니다. 한국을 떠날 때 이 양식은 '세급 환급 창구'에 제출하세요.

Customer: **Hello, I bought this shirt yesterday. But it's stained.**

고객 안녕하세요, 제가 어제 이 셔츠를 샀습니다. 그런데 얼룩이 졌습니다.

Staff: **Let me take a look.**

직원 제가 한번 보겠습니다.

Customer: **It was like that when I bought it.**

제가 샀을 때 부터 그랬습니다.

Staff: **Sorry for the inconvenience. Would you like to exchange it or do you want your money back?**

불편을 끼쳐드려 죄송합니다. 그것을 교환해드릴까요 아니면 환불 받기를 원하세요?

Customer: **I'd prefer to get my money back.**

환불을 받고 싶습니다.

Staff: **Alright. Can I just see your receipt?**

네. 영수증을 보여주세요?

>> 다음과 같은 요구 사항을 어떻게 처리하시겠습니까? 여러분의
상점 운영 방침에 의거하여 대답하세요.

· 정답 283p

1 The shirt I bought was too small. Can I exchange it?

→ _____ .

2 I don't want to exchange it. Can't I get my money back?

→ _____ .

3 I want to exchange these shoes, but I lost my receipt.

→ _____ .

4 Can you give me a tax refund for this purchase?

→ _____ .

5 Can I get a plastic bag, please?

→ _____ .

Sales and discounts
판매와 가격할인

It's on sale.
지금은 세일기간입니다.

We're having a big sale.
우리는 대대적인 세일을 하고 있습니다.

Huge savings! Massive discounts!
엄청난 절약! 대량 할인! (표시판)

고객 Is this the sales price?
이 가격이 할인된 가격입니까?

It's not for sale.
그것은 비매품입니다.

English Note
On Sale vs. For Sale

만약 영어로 **It's for sale.**이라고 말한다면, 그 상품은 구매가 가능하다는 의미입니다. 하지만 **It's on sale.**이라는 말은 그 상품은 정가보다 할인한다는 의미입니다. 이러한 표현들을 사용할 때는 전치사 **on**과 **for**에 주의를 기울이기 바랍니다.

It's half price.
절반 가격입니다.

It's 30 percent off.
30% 할인되었습니다.

This is the retail price.
소매 가격입니다.

That is the original price.
정가입니다.
This is the sales price.
세일 가격입니다.

Take 20% off this price.
이 가격에서 20% 할인입니다.

The price is on the price tag.
가격은 가격표에 표기되어 있습니다.

 Konglish Note
실버(silver)

한국에서 쓰는 '실버'라는 어휘는 실버 타운 등의 표현에서 유래된, 주로 은퇴한 노인들을 지칭하는 말로서 콩글리시입니다. 미국 사회에서는 '나이든 사람들'을 **senior citizens** 또는 **senior**라고 합니다. 그래서 '경로 할인'을 **senior discounts**라고 표현합니다.

We offer a senior discount at this restaurant. Seniors get free drinks with their meals.
우리 레스토랑에서는 경로 할인을 적용하고 있습니다. 고령자들께서 식사를 하시면 음료는 무료입니다.

Do you have a coupon or membership card?

쿠폰이나 멤버십 카드를 가지고 있습니까?

Would you like to save your points?

           use 사용하다

포인트를 적립하시겠습니까?

Special discount for tourists.

           students 학생들

           seniors 고령자들

관광객을 위한 특별 할인

If you buy two items, you get the third one free.

물품 두 개를 사시면 하나를 무료로 드립니다.

You can't exchange products that are on sale.

세일판매 상품은 교환을 할 수 없습니다.

The original price is twelve thousand won. But I'll give you a discount: ten thousand won.

정가는 12,000원입니다. 하지만 제가 10,000원으로 가격을 할인해 드리겠습니다.

I'll knock two thousand off the price if you pay in cash.

현금으로 결제하신다면 2,000원 할인해 드리겠습니다.

 Konglish Note
원 플러스 원 (1+1)

종종 한국의 마트나 편의점에서 '1+1'(원 플러스 원)이라고 적혀 있는 경우가 많지만 영어권에서는 사용하지 않는 표현입니다. 이런 경우에 사용하는 표현은 다음과 같습니다.

This is "buy one, get one free".
'하나를 사시면 다른 하나는 무료'로 드립니다.

We're having a "two for one" sale right now.
우리는 지금 '하나 가격에 두 개' 할인 행사를 하는 중입니다.

two for one은 **two products for the price of one** (한 상품 가격에 두 개를 드립니다)을 줄인 표현입니다. 물론 **"two for one"** 이 표현은 **buy two, get one free** (두 개를 사시면 하나를 더 드립니다)라는 뜻입니다.

Shopper: **Excuse me, I have a question. How much is this shirt?**

쇼핑고객 실례합니다, 뭐 좀 물어보겠습니다. 이 셔츠는 얼마입니까?

Clerk: **It's 28,000 won.**

직원 28,000원입니다.

Shopper: **But the tag says 35,000 won.**

하지만 가격표에는 35,000원으로 표시돼 있습니다.

Clerk: **That's the original price. This is the sales price.**

그것은 정가입니다. 이것은 세일된 가격입니다.

Shopper: **Oh, good! That's pretty cheap.**

오, 좋아요! 값이 매우 저렴하네요.

Clerk: **We're also having a summer sale now. If you buy two shirts, you get the third one free.**

저희는 지금 여름 세일 기간입니다. 만약 셔츠 두 벌을 사시면 한 벌을 무료로 드립니다.

Shopper: **Thanks. I'll consider that.**

고맙습니다. 한 번 생각해보겠습니다.

>> 이 품목들은 다양한 종류의 세일 제품입니다. 고객들에게 거
래에 대하여 설명하세요.

· 정답 284p

1 This product is _____ .

2 This product is _____ .

3 This product is _____ .

4 This product is _____ .

5 This product is _____ .

12,000 won
↓
10,000 won

4.5

Online orders and delivery services
온라인 주문과 배송 서비스

What size? / How many?
사이즈는 무엇으로 하시겠습니까? / 몇 개를 하시겠습니까?

For pick-up or delivery?
방문해서 가져가시겠어요 아니면 배달해드릴까요?

What is the address?
주소가 어디입니까?

고객 **Please deliver it to _____.**
_____ 로 배달해 주세요.

Is anyone home?
집에 누가 있습니까?

We'll be there in 10 minutes.
10분 후에 도착할 예정입니다.

I have a package for a Mister Hyunjun Go.
Ms. Narae Kim 김나래
고현준이라는 분에게 소포가 한 개 와 있습니다.

Sign for this, please.
여기에 서명해 주세요.

I can't find your house.
집을 찾을 수가 없습니다.

I'm at the main entrance. Please let me in.
저는 중앙 출입구에 있습니다. 제가 들어갈 수 있게 해주세요.

Delivery costs 7,000 won extra. / Delivery is free.
배송 비용은 7,000원 추가됩니다. / 무료 배송입니다.

Can I have your number? We need it to contact you.
전화번호를 알려주시겠습니까? 당신의 연락처가 필요합니다.

Restaurant: **Hello, Danny's Pizza.**

식당 여보세요, 대니스 피자입니다.

Caller: **Hello, I'd like two large pizzas. One Pepperoni and one Supreme.**

전화 발신자 안녕하세요, 저는 피자 라지 두 판 주문하고자 합니다. 페페로니 피자 한 판과 슈프림 피자 한 판입니다.

Restaurant: **One Pepperoni and one Supreme. For pick-up or delivery?**

페페로니 피자 한 판과 슈프림 피자 한 판 주문하셨습니다. 가져 가실 거예요 아니면 배달이세요?

Caller: **For delivery, please.**

배달해 주세요.

Restaurant: **What is the address?**

주소가 어디입니까?

Caller: **It's 156 Yanghwa-ro. The "Happy Home" building. Room 307.**

양화로 156번지입니다. "Happy Home" 건물 307호입니다.

Restaurant: **Let me confirm that. 156 Yanghwa-ro, room 307. Is that correct? OK, we'll be there in about 20 minutes.**

제가 확인하겠습니다. 양화로 156번지 307호실 맞으세요? 네, 대략 20분 후에 도착할 예정입니다.

>> 아래 박스에 있는 응답과 다음 문장을 연결하세요.

· 정답 285p

1 My address is "Shilla Apartments, 201-dong."

2 I'm at the main entrance. Please let me in.

3 For pick-up or delivery?

4 I can't find your home.

( ) I'll pick it up in person.

( ) The apartment is near the crosswalk. There's a mart on the first floor.

( ) Alright, we'll be there in 20 minutes.

( ) OK, let me buzz you in.

CULTURE TIP

International Service Culture

세계의 서비스 문화

✼ 여러분이 서비스 업종에서 일하신다면 고객이 당신의 가게에서 최상의 서비스를 받고 있다는 느낌을 주는 것이 중요한 업무 중 하나입니다. 그러나 이것은 각 나라의 문화에 따라 달라질 수 있습니다.

✼ 미국의 문화인류학자 에드워드 홀(Edward T. Hall)은 의사소통과 관련하여 매우 흥미로운 '저맥락/고맥락(low context/high context) 문화'라는 개념을 제시하였습니다.

✼ **High context culture**(높은 맥락의 문화): 언어보다 바디랭귀지를 사용하며 가격흥정에 대해선 개방적이다.(아시아, 중동, 동유럽 등)

✼ **Low context culture**(낮은 맥락의 문화): 자기 주장을 강하게 표현하며 거의 격식을 갖추지 않고 친화적이다. (유럽과 북아메리카 등)

✼ 일반적으로 높은 맥락의 문화권 고객들은 격식을 갖춘 대화와 특별한 대우를 받는 것을 선호할 것이며, 낮은 맥락의 문화권 고객들은 자유롭게 둘러볼 수 있도록 놔두거나 직접적으로 소통하는 것을 선호할 것입니다.

✼ 예를 들어, 한국에서는 고객들이 도움이 필요하다고 생각될 경우 즉시 고객에게 다가가는 것이 일반적입니다만 영어권 고객들에겐 강압적인 인상을 줄지도 모릅니다. 아마도 부담을 느낄 것이고 심지어 여러분이 그들을 믿지 못하고 의심하고 있다고 생각할 수도 있습니다.

✼ 이처럼 복잡한 특성과 종합적인 상황판단이 필요한 서비스는 나라마다 문화의 차이가 있다는 것을 알고 고객을 맞이하면 많은 도움이 될 것입니다.

Chapter 5

Hotel and Residence
호텔과 주거

Vital Vocabulary

☐ **amenities** [əménətiz, əmíːn-]		편의 시설
☐ **bathhouse** [bǽθhàus]		목욕탕
☐ **body scrub** [bɑ́di skrʌb]		때밀이, 때밀기
☐ **cleaning service** [klíːniŋ sə́ːrvis]		세탁 서비스
☐ **complaint** [kəmpléint]		불편
☐ **decision** [disíʒən]		결정
☐ **deposit** [dipɑ́zit]		보증금, 예금하다
☐ **down payment** [dɑ́un péimənt]		예치금, 할부금의 계약금, 첫 불입금
☐ **dry sauna** [drɑ́i sɔ́ːnə, sɑ́unə]		건식 사우나
☐ **electricity** [ilèktrísəti]		전기
☐ **fridge** [fridʒ]		냉장고
☐ **furnished room** [fə́ːrniʃt ruːm]		가구가 비치된 방
☐ **hot clay sauna** [hɑt klei sɔ́ːnə, sɑ́unə]		불가마 사우나
☐ **ice bath** [ais bæθ]		냉탕
☐ **kiln sauna** [kiln sɔ́ːnə, sɑ́unə]		불가마 사우나
☐ **landlord** [lǽndlɔ̀ːrd]		집주인
☐ **long-term lease** [lɔ́ːŋtə̀ːrm liːs]		장기간 임대
☐ **maintenance** [méintənəns]		관리, 유지
☐ **massage** [məsɑ́ːz]		마사지
☐ **masseuse** [məsə́ːz]		여자 마사지사(안마사)
☐ **match** [mætʃ]		일치하다
☐ **men's changing room** [ménz tʃéindʒiŋ ruːm]		남자 탈의실
☐ **monthly rent payment** [mʌ́nθli rent péimənt]		월세

☐ **property** [prápərti]		부동산, 재산
☐ **rates** [reits]		세금
☐ **razor** [réizər]		면도기, 면도칼
☐ **real estate** [rí:əl estéit]		부동산
☐ **recycling** [risáikliŋ]		재활용
☐ **renovate** [rénəvèit]		개조하다
☐ **rent** [rent]		임대하다
☐ **reservation** [rèzərvéiʃən]		예약
☐ **robe** [roub]		가운
☐ **room service** [ru:m sə́:rvis]		룸서비스
☐ **sauna** [sɔ́:nə, sáu-]		사우나, 목욕탕
☐ **scurb** [skrʌb]		(솔, 천 등으로) 문지르기
☐ **steam bath** [sti:m bæθ]		증기 목욕탕, 찜질방
☐ **stow** [stou]		싣다, 넣어두다
☐ **tenant** [ténənt]		세입자, 임차인
☐ **toothbrush** [tú:θbrʌʃ]		칫솔
☐ **undress** [əndrés]		옷을 벗다
☐ **utilities** [ju:tílətiz]		공과금
☐ **vending machine** [véndiŋ məʃí:n]		자동 판매기
☐ **wallpaper** [wɔ́:lpèipər]		벽지
☐ **women's changing room** [wíminz ʧéindʒiŋ ru:m]		여자 탈의실
☐ **year lease** [jiər li:z]		연세

5.1

At the front desk
프런트 데스크에서

고객 **Hello, I'd like to check in.**
안녕하세요, 체크인하려고 합니다.

May I see your reservation?

                   passport 여권

예약확인증을 보여주시겠어요?

I need to scan your passport.
당신의 여권을 복사해야 합니다.

How would you like to pay? Cash or credit card?
어떻게 결제하시겠습니까? 현금인가요 아니면 신용카드입니까?

You can check in after 11 a.m.
오전 11시 이후에 체크인하실 수 있습니다.

Do you need help with your bags?
가방 옮기는 것을 도와드릴까요?
Can I help you with your bags?
제가 당신의 가방 옮기는 것을 도와드릴까요?

Would you like a smoking or non-smoking room?
흡연 가능하신 룸으로 드릴까요, 금연실로 드릴까요?

고객 We need to check in <u>early</u>.

    late 늦게

저희는 체크인을 일찍 해야 합니다.

고객 Is the room ready yet?

객실이 아직 준비되지 않았습니까?

고객 Can we stow our bags here for a few hours?

여기에 몇 시간 가방을 보관해도 될까요?

고객 I made a reservation through hotels.com.

호텔스닷컴을 통해 예약했습니다.

Here is your key. Your room is number 2330. Please take the elevator on your left.
키 여기 있습니다. 고객님 객실은 2330호입니다. 왼쪽 엘리베이터를 이용하세요.

The pool and gym are on the eight floor. Breakfast will be served between six and ten in the dining hall.
수영장과 스포츠 센터는 8층에 있습니다. 아침식사는 다이닝 홀에서 오전 6시부터 10시까지 제공됩니다.

Staff: Hello, sir, welcome to the Grand Hotel.
직원 고객님, 안녕하세요, 그랜드 호텔에 오신 것을 환영합니다.

Guest: Hi, I had a reservation through hotels.com
고객 안녕하세요, 저는 호텔스닷컴을 통해 예약했습니다.

Staff: May I know your name and passport number, please?
성함과 여권번호를 알려주시겠어요?

Guest: Yes, here you are.
네, 여기 있습니다.

Staff: OK, your check-in is complete. Your room number is 2077. Please take the elevator to your right.
네, 체크인되었습니다. 객실 번호는 2077입니다. 오른쪽에 있는 엘리베이터를 이용하시기 바랍니다.

Guest: Thank you. Oh, by the way, what time does the pool close?
고맙습니다. 아, 잠시만요, 수영장은 몇 시에 문을 닫습니까?

Staff: The pool and gym are open till 10 p.m.
수영장과 헬스클럽은 저녁 10시까지 합니다.

>> 아래의 우리말을 영어 문장으로 만드세요.

• 정답 286p

1

_____ .

고객님의 여권을 스캔해야 합니다.

2

_____ .

흡연실 또는 금연실 중 어느 곳으로 하시겠습니까?

3

_____ .

호텔부킹닷컴 홈페이지를 통해 예약했습니다.

4

_____ .

오후 2시 이후에 체크인 가능합니다.

5

_____ .

왼쪽에 있는 엘리베이터를 이용하세요.

5.2

Dealing with problems
불편사항 처리하기

Your room is not ready yet.

고객님의 룸은 아직 준비되지 않았습니다.

We'll move you to another room.

다른 룸으로 옮겨 드리겠습니다.

You can check in now, but your room will not be ready until 1 p.m.

지금 체크인 가능하세요, 하지만 고객님 룸은 오후 1시 이후 입실 가능합니다.

We don't have any available rooms.

현재 사용 가능한 룸이 없습니다.

Your reservation was not processed properly.

고객님의 예약이 정상적으로 처리되지 않았습니다.

I've rebooked you to room 1701. I'll get you a new room card.

1701호로 다시 예약해드렸습니다. 새로운 객실 출입카드를 발급하여 드리겠습니다.

The reception is open all night.

프런트데스크는 24시간 운영합니다.

Your room will be ready in a few minutes.

객실은 잠시 후에 준비될 예정입니다.

고객   **The room is** <u>dirty</u>.

too hot / noisy 너무 더운 / 시끄러운

not what we reserved 예약한 것이 아닌

객실이 <u>더럽습니다</u>.

I'll send up a cleaner right away.

제가 청소부를 바로 보내드리겠습니다.

Please wait a moment. I'll send someone up to check.

잠시만 기다려주세요. 제가 확인할 직원을 보내드리겠습니다.

Guest: (프런트 데스크에서) Excuse me. There seems to be a problem. I booked a non-smoking room, but our room stinks of smoke.

고객 저기요. 문제가 있는 것 같아요. 저는 금연실로 예약했는데 방에서 담배 냄새가 납니다.

Staff: Oh, I'm so sorry to hear that. Let me find you another room right now.

직원 죄송합니다. 지금 바로 제가 다른 객실을 알아봐 드리겠습니다.

Guest: Could you send someone to help us move our bags?

제 가방을 옮겨 줄 수 있는 사람을 보내주시겠습니까?

Staff: Of course. We'll send someone up right away. Also, I've rebooked you to room 5512. Here's your new room key.

물론입니다. 직원을 바로 올려 보내드리겠습니다. 또한 5512호로 다시 예약해드렸습니다. 여기 새 룸 키입니다.

Guest: Thank you.

감사합니다.

Staff: To express our regret, here's a coupon for a free breakfast tomorrow morning.

사과드리는 마음으로 내일 아침 무료 식사쿠폰을 드립니다.

>> 아래 고객들이 다음과 같은 문제를 가지고 당신을 찾아왔습니다. 빈칸에 대답하는 문장을 쓰세요.

• 정답 287p

	Problem	Solution
1	Our room is dirty.	
2	I'd like to check in early.	
3	We reserved a non-smoking room.	
4	We're going to be checking in late.	
5	The room is too hot!	

5.3

Spa or sauna
온천 또는 사우나

Please remove all your clothing.

옷을 모두 벗어 주시기 바랍니다.

Please shower first (before entering the bath)

(탕에 들어가기 전에) 먼저 샤워를 하시기 바랍니다.

No phones allowed in the sauna.

사우나실에서는 휴대폰을 사용하실 수 없습니다.

Please don't bring _____ in the sauna.

사우나 실에 _____ 를 가지고 들어갈 수 없습니다.

Do you want a massage?

마사지를 받으시겠습니까?

Towels are available at the pool.

타월은 수영장에서 이용 가능합니다.

No running or diving, please.

뛰거나 다이빙을 할 수 없습니다.

Shampoo and soap are free.

삼푸와 비누는 무상으로 제공됩니다.

Put the used towels in this basket.
사용한 타월은 바구니에 넣어 주세요.

Please take your shoes off.
신발을 벗어 주세요.

`고객` **I lost my key.**
제가 키를 잃어버렸습니다.

`고객` **My locker won't open.**
저의 사물함이 열리지 않습니다.

`고객` **Can I go in here?**
여기 들어가도 됩니까?

`고객` **Is it OK if I sleep here?**
여기서 잠을 자도 됩니까?

The men's changing room is on the right. The women's is on the left.
남성 탈의실은 오른쪽에 있습니다. 여성 탈의실은 왼쪽에 있습니다.

Don't bring anything into the sauna.
사우나 실에 아무것도 가져가실 수 없습니다.

Children are not allowed in the ice bath.
어린이들은 냉탕에 들어 갈 수 없습니다.

Don't stay in the high temperature bath for too long.
온탕에서 너무 오랫동안 있지 마세요.

A body scrub is fifteen thousand won. A full body massage is thirty five thousand won.

때미는 것은 15,000원입니다. 전신 마사지는 35,000원입니다.

The body scrub takes about 20 minutes.

때미는 것은 20분 정도 소요됩니다.

It's twenty thousand won for 30 minutes.

때미는 것은 30분에 20,000원입니다.

Ring this bell. The masseuse will be here soon.

이 벨을 누르세요. 마사지사가 곧 여기로 올 것입니다.

The pink body scrub cloth is for washing. The towel is for drying yourself.

핑크색 때밀이 천은 씻을 때 사용하는 것입니다. 수건은 몸의 물기를 닦을 때 사용하는 것입니다.

You can buy toothbrushes and razors from the vending machine.

자판기에서 칫솔과 면도기 구매가 가능합니다.

The jjimjilbang area has dry saunas and ice rooms.

찜질방은 건식 사우나실과 냉방실이 있습니다.

It's called sikhye. It's a kind of sweet rice drink.

그것은 식혜라 합니다. 달콤한 쌀로 만든 음료입니다.

Warning! Pipe is <u>hot</u>. Do not touch!

cold 차갑습니다

주의! 파이프관이 <u>뜨겁습니다</u>. 만지지 마세요!

Don't leave the face pack on for too long. It can dry out your skin.

마스크 팩을 너무 오래하지는 마세요. 당신의 피부를 건조하게 할 수 있어요.

You can stay in the jjimjilbang overnight.

찜질방에서 하룻밤 지내는 것도 괜찮아요.

You must wear these clothes to enter the jjimjilbang.

찜질방에 들어가기 위해서는 이 옷을 입어야만 합니다.

Please be quiet. This is a sleeping area.

조용히 해 주세요. 여기는 수면 공간입니다.

You can use any of our services for free. But you have to pay separately for the massages.

서비스 시설 모두 무료로 사용할 수 있습니다. 하지만 마사지 이용료는 별도로 지불하셔야 합니다.

You don't need to bring cash. Just use your locker key to pay.

현금을 가져오지 않아도 됩니다. 결제할 때는 사물함 열쇠를 사용하세요.

When you exit, you need to give back your locker key and pay before you can get your shoes.

나가실 때는 사물함 열쇠를 반납하고 결제한 후에 신발을 가져 가세요.

Guest: (사우나에서) Excuse me, could you tell me where to go?

고객　실례합니다, 어디로 가야 하는지 말씀해주시겠습니까?

Staff: Of course! First, put your shoes in that locker and bring your key to the desk.

직원　물론입니다! 우선, 저쪽 사물함에 신발을 넣으시고 여기 안내 데스크로 키를 가져오세요.

Guest: Is this my locker key?

이것이 제 사물함 키입니까?

Staff: No, it's only for the shoes. I'll exchange it for your locker key. Your locker is 714. It's on your right, third aisle.

아닙니다, 그것은 신발 사물함 키입니다. 제가 사물함 키로 교환하여 드리겠습니다. 손님 사물함은 714번입니다. 사물함은 세번째 통로 우측에 있습니다.

Guest: Should I put the clothes on now?

이제 옷을 입어야 합니까?

Staff: No, you should undress first and go to the sauna in the basement. After washing, you can put the robe on and enjoy the upstairs area.

아닙니다, 우선 옷을 벗고 지하 사우나실로 들어가셔야 합니다. 씻고 난 후 사우나복을 입으신 후 위층 시설을 즐겁게 이용하실 수 있습니다. (찜질방 이용하기)

≫ 아래 어휘들을 기억하세요? 아래 그림이 묘사하고 있는 어휘
를 밑줄 친 부분에 써 넣으세요.

• 정답 288p

1

_____ .

2

_____ and _____ .

3

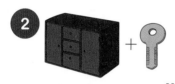

_____ .

4

_____ and _____ .

5

_____ and _____ .

5.4

Real estate office and landlord
부동산 사무실과 집주인

What kind of room are you looking for?
어떤 종류의 방을 찾고 있으세요?

How many rooms? / How many people?
방이 몇 개 필요하세요? / 몇 분이 쓰실 건가요?

Do you need a furnished room?
가구가 설치된 방을 찾으세요?

How much money can you pay in deposit?
보증금으로 얼마를 지불할 수 있습니까?

How much money can you pay in rent?
임차료는 얼마를 지불할 수 있습니까?

What do you think of this room?
이 방은 어떻습니까?

We can change the wallpaper for you.
저희가 도배는 새로 해드릴 수 있습니다.

We've recently renovated the bathroom.
최근에 욕실을 개조하였습니다.

The fridge and burner/stovetop come with the room.

냉장고와 버너 / 스토브탑이 방에 모두 설치되었습니다.

This furniture is not included.

이 가구는 포함되지 않습니다.

You have to make your decision by tomorrow.

내일까지 결정하셔야 합니다.

There are other buyers interested in this room.

이 방에 관심있는 다른 구매자들이 있습니다.

You'll get this money back when you leave.

이 돈은 이사 나가실 때 다시 받으실 수 있습니다.

The monthly rent is five hundred thousand won.

월세는 500,000원입니다.

 Konglish Note
키 머니

한국의 집주인들은 종종 '키 머니'라는 용어를 사용합니다. 이 말의 뜻은 세입자가 머무는 동안 담보로 맡기는 보증금을 말하는 것입니다. 그러나 이 단어는 영어권 국가에서는 쓰이지 않으므로 일반적으로 보증금을 가리키는 **security deposit**이라는 용어를 사용하는 것을 추천합니다.

The security deposit is five million won. 보증금은 500만 원입니다.

월세와 전세에 대해 논의할 때는 **monthly rent payment**(월세)나 **a one-year lease / a two-year lease** (1년 임대 / 2년 임대)라는 용어를 사용할 수 있습니다.

Pets are not allowed.
애완 동물은 허용되지 않습니다.

The contract is for one year.
계약은 1년입니다.

There's a maintenance fee of fifty thousand won.
50,000원 관리비가 있습니다.

The price includes Internet, water and maintenance.
그 가격은 인터넷, 수도세와 관리비가 포함되었습니다.

The utilities fee should be paid together with your rent.
공과금은 임차료와 함께 지불해야 합니다.

Gas and electricity are not included. You'll get separate bills.
가스와 전기 사용료는 포함되지 않았습니다. 별도의 청구서를 받게 될 것입니다.

You have to set up your own Internet.
개인 인터넷은 별도로 설치하셔야 합니다.

Your rent is due on the 15th.
월세 납부일은 매월 15일입니다.

I haven't received your rent this month.
이번 달 월세를 받지 못했습니다.

I've received some noise complaints.
소음에 대한 불만을 접수했습니다.

You need to sort your trash for recycling.

재활용을 위해 당신은 쓰레기를 분리해야 합니다.

You need to buy special trash bags from the supermarket. The yellow bag is for food waste, and the white bag is for general trash.

슈퍼마켓에서 특별한 쓰레기 봉투를 구매하셔야 합니다. 노란색 봉투는 음식물 쓰레기를 위한 것이며, 흰색 봉투는 일반 쓰레기를 위한 것입니다.

Client: Hello, I'm looking for a place to stay.

고객   안녕하세요, 저는 살 집을 찾고 있습니다.

Agent: For how many people? What is your price range?

직원   몇 분이십니까? 가격대는 어느 정도로 생각하십니까?

Client: I'm looking for a two-bedroom apartment. We can pay up to 1 million monthly rent.

저는 2인실 아파트를 찾고 있습니다. 우리는 1개월에 100만 원의 월세를 지불할 수 있습니다

Agent: OK. And what about the deposit?

알겠습니다. 보증금은 어느 정도 생각하세요?

Client: I don't have much money saved up, so I prefer a smaller deposit. Maybe 5 to 10 million won?

저는 돈을 많이 저축하지 못했습니다. 그래서 적은 금액의 보증금을 원합니다. 아마도 500만 원에서 1000만 원 정도입니다.

Agent: OK, I have four properties in the area that match what you want. Let's take a look at them.

네, 고객님께 맞는 집이 이 지역에 4곳 정도 있습니다. 한번 보시죠.

>> 아래의 문장을 바른 순서로 정렬하여 이야기를 완성하세요. 하단의 빈칸에 순서에 맞게 알파벳을 나열한 후 큰 소리로 이야기를 읽으세요.

• 정답 289p

A Does that include Internet access?

B No problem, I'll show you some similar apartments in the neighborhood.

C I like it. How much did you say the rent was?

D You have to pay for that yourself. But gas and water is paid for.

E Take a look around. We've recently renovated the kitchen.

F I'm interested, but I'd like to see some rooms that are a little bigger.

G It's 500,000 won per month. Utilities are an extra 50,000 won.

( ) → ( ) → ( ) → ( ) → ( ) → ( ) → ( )

Chapter **5**

CULTURE TIP

Types of Residences
거주지 종류

✧ 만약 여러분이 부동산 중개업자 또는 호텔업계에서 일한다면 다양한 숙소와 거주지에 대해 영어로 어떻게 표현하는지 알아야 할 것입니다.

English	Korean	Description
hotel	호텔	전형적인 호텔
motel	모텔	여행객들이 하룻밤 머물기 위해 설계된 작은 호텔이며, 일반적으로 차량 (고속)도로와 인접한 위치에 있다. (Motel = MOtor + hoTEL)
guesthouse pension(EU) bed and breakfast(U.S.)	게스트하우스 펜션 조식제공 숙박시설	손님을 받기 위해 개인주택을 개조함. '비앤비'는 주로 아침식사만 제공하는 반면에, 펜션은 full pension (식사 모두 제공), half pension (아침식사와 저녁식사 제공)으로 구분됩니다.
hostel	호스텔	숙소를 함께 사용하거나 친구를 사귀기 위한 목적인 젊은 여행객을 위한 값이 싼 호텔 (주로 방 하나에 4人 또는 6人)
homestay	하숙	한 사람의 여행객이 주로 해당 지역의 (현지인) 가정집에서 머무는 것
apartment	아파트	공동주택 양식의 하나이며, 각각 독립된 가구로 구성된 주거(외국에는 임대를 목적으로 한 곳이 많다)
studio	스튜디오 / 원룸	아파트 형태이며 방 하나에 침실, 거실, 부엌을 겸하며 화장실 겸 욕실만 따로 구성됨 (작은 공간의 효율성 강조)
villa	빌라	정원과 마당이 있는 규모가 큰 독채
loft	옥탑방	건물 옥상에 사람이 거주할 수 있도록 만든 방
condominium (condo)	콘도	한국에서는 주로 회원제로 운영되는 공유 주거 형태이나 미국에서는 개인에게 분양하는 고급 아파트

Chapter 6

Leisure and Entertainment

여가와 오락

Vital Vocabulary

☐	**aisle** [ail]	복도
☐	**admission** [ədmíʃən]	입장
☐	**adult** [ədʌ́lt, ǽdʌlt]	성인, 어른
☐	**amusement** [əmjúːzmənt]	놀이, 오락
☐	**appropriate** [əpróupriət]	적절한, 적합한
☐	**attraction** [ətrǽkʃən]	명소, 볼거리
☐	**choose** [ʧuːz]	선택하다, 고르다
☐	**compatible** [kəmpǽtəbl]	호환되는
☐	**computer** [kəmpjúːtər]	컴퓨터
☐	**concession stand** [kənséʃən stænd]	(경기장, 극장 등의)매점, 판매점
☐	**controller** [kəntróulər]	제어기
☐	**dinosaur** [dáinəsɔ̀ːr]	공룡
☐	**document** [dάkjumənt]	서류
☐	**download** [dáunlòud]	다운로드하다
☐	**dub** [dʌb]	더빙하다
☐	**echo** [ékou]	메아리
☐	**employee** [implɔ́iìː]	직원, 종업원
☐	**entry** [éntri]	진입
☐	**feedback** [fíːdbæ̀k]	(음향적) 피드백
☐	**freeze** [friːz]	작동하지 않게 되다
☐	**gift shop** [gift ʃαp]	선물 가게
☐	**height** [hait]	키
☐	**HWP (Hancom Word Processor) Hangul** [hάːŋguːl] **HWP**	한글
☐	**information center** [ìnfərméiʃən séntər]	안내소

☐ **lagging** [lǽgiŋ]		느린, 더딘
☐ **language** [lǽŋgwidʒ]		언어
☐ **Monet** [mounéi]		클로드 모네(미술가)
☐ **museum** [mju:zí:əm]		박물관
☐ **original** [ərídʒənl]		원작의, 원문의
☐ **popcorn** [pápkɔ̀:rn]		팝콘
☐ **program** [próugræm]		프로그램
☐ **queue** [kju:]		줄
☐ **reservation** [rèzərvéiʃən]		예약
☐ **reserved** [rizɔ́:rvd]		예약된, 지정된
☐ **restriction** [ristríkʃən]		제한
☐ **ride** [raid]		놀이 기구
☐ **row** [rou]		줄
☐ **seat** [si:t]		좌석
☐ **security checkpoint** [sikjúərəti tʃékpɔ̀int]		보안 검색대
☐ **snack bar** [snæk bɑ:r]		(간단한 식사거리를 파는) 매점
☐ **subtitle** [sʌ́btàitl]		자막
☐ **theme** [θi:m]		테마, 주제
☐ **ticket** [tíkit]		티켓
☐ **unsuitable** [ənsú:təbl]		적합하지 않은
☐ **USB (universal serial bus)** [jùːnəvɔ́:rsəl síəriəl bʌs]		USB(이동식 기억장치)
☐ **weird** [wiərd]		이상한
☐ **zoo** [zu:]		동물원

6.1

Buying movie tickets
영화 티켓 구매하기

This movie is in <u>English</u>.
　　　　　　Korean　한국어
이 영화는 <u>영어</u>로 상영합니다.

This movie has English subtitles.
이 영화는 영어 자막이 있습니다.

This movie is dubbed in Korean.
이 영화는 한국어로 더빙되었습니다.

고객 **How long is the movie?**
　　　영화 상영 시간은 어떻게 되나요?

The run time is two hours and thirty minutes.
영화 상영 시간은 2시간 30분입니다.

This movie is not appropriate for children. / It may be unsuitable for children.
이 영화는 어린이들에게 적합하지 않습니다.

You must be at least 12 years old to watch this movie.
이 영화를 보려면 최소한 12살은 되어야 합니다.

The movie starts at 6:15 (six, fifteen).

영화는 6시 15분에 시작합니다.

Where would you like to sit?

어디에 앉으시겠습니까?

Please choose your seats.

좌석을 선택하세요.

What kind of popcorn would you like?

어떤 종류의 팝콘을 드시겠습니까?

고객 **What flavors do you have?**

어떤 맛이 있습니까?

Please arrive 10 minutes before the show starts.

쇼가 시작하기 10분 전에 도착해 주세요.

Customer: Hello, I'd like four tickets for 'Dinosaurs'.

고객 안녕하세요, '다이노소어스' 티켓 네 장 주세요.

Movie staff: OK. For what time? The movie is playing at 2:15, 4:30 and 6 p.m.

영화관 직원 네. 몇 시 것으로요? 그 영화는 오후 2:15, 4:30 그리고 6시에 상영됩니다.

Customer: The next showing, please. Is the movie in the original language?

다음 상영되는 시간으로 하겠습니다. 영화는 원어로 상영합니까?

Movie staff: Yes, it's in English with Korean subtitles. Please choose your seats.

네, 영어로 상영하며 한국어 자막이 들어 있습니다. 좌석을 선택해 주세요.

Customer: These four on row K, please.

여기 K열 좌석으로 네 장 주세요.

Movie staff: OK, here are your tickets. Your seats are seats 11 to 14 on row K. Enjoy the movie.

네, 티켓 여기 있습니다. 고객님의 좌석은 K열 11번부터 14번까지입니다. 즐겁게 영화 관람하세요.

>> 아래 문장의 빈칸을 채우시오.

• 정답 290p

1 The movie is _____ at 16:20 and 19:10.

2 The movie has English _____ .

3 The movie has been _____ into Korean.

4 Please choose your _____ from the screen.

5 The _____ is 90 minutes.

6.2

PC bang / Noraebang
PC방/ 노래방

Take any computer.
어느 컴퓨터나 사용하세요.

It's seven thousand won for one hour.
한 시간에 7,000원입니다.

Don't download anything on the computer.
컴퓨터에 다른 프로그램은 다운로드 받지 마세요.

The printing is five hundred won per page.
출력은 한 페이지에 500원입니다.

Are you using the computer for gaming?
게임 하기 위해 컴퓨터 사용하세요?

We have snacks and drinks if you want something.
무엇인가를 드시고 싶다면 스넥과 음료수가 있습니다.

You left your USB in the computer.
컴퓨터에 USB를 놓고 가셨습니다.

Don't forget to sign out of your email and Facebook.
이메일과 페이스북 로그아웃 하는 것 잊지 마세요.

Sorry, we don't have that program.
죄송합니다, 우리는 그 프로그램이 없습니다.

It's not compatible with our computer.
저희 컴퓨터에서는 호환이 안 됩니다.

That's an HWP file. It's a document.
한글 파일입니다. 그것은 문서입니다.

This computer has Microsoft Word.
　　　　　　　doesn't have 없다
이 컴퓨터는 마이크로소프트 워드 프로그램이 있습니다.

고객 **The headset doesn't work.**
　　　이 헤드셋은 작동하지 않습니다.

고객 **I can't log in to the computer.**
　　　컴퓨터에 로그인이 안 됩니다.

고객 **Do I need a password for this?**
　　　이것을 사용하려면 비밀번호가 필요합니까?

고객 **The computer froze.**
　　　컴퓨터가 안 됩니다.

The computer is lagging.
컴퓨터가 느립니다.

There's not enough memory on the drive.
컴퓨터 드라이브에 메모리가 부족합니다.

You pay for the noraebang per hour.
시간 단위로 노래방에서 결제해야 합니다.

This is a coin noraebang. It's 2 songs for 500 won.
여기는 동전 노래방입니다. 2곡에 500원입니다.

Please put the cover on the microphone.
마이크에 커버를 씌워 주세요.

We're open 24 hours. We're open all night.
저희는 24시간 영업합니다. 저희는 밤새도록 영업합니다

You can use this machine to break your bills into coins.
손님의 지폐를 동전으로 교환하려면 이 기계를 사용하세요.

The mic is broken.
      controller 제어기
이 마이크는 고장났습니다.

There's a weird echo coming from the speakers.
스피커에서 이상한 되먹임 소리가 나옵니다.
There's a weird feedback coming from the speakers.
스피커에서 이상한 울림이 나옵니다.

You are out of credits. Add more coins if you want more songs.

충전 코인 잔액이 부족합니다. 노래를 더 부르고 싶으면 동전을 더 넣으세요.

There's a <u>line</u> right now. You have to wait about 15 minutes.

          queue 줄

대기 줄이 있습니다. 대략 15분정도 기다리셔야 합니다.

I will let you know when a booth becomes available.

이용 가능한 노래방 부스가 나오면 알려드리겠습니다.

Use this controller to find songs in <u>English</u>.

               Chinese 중국어

               Japanese 일본어

<u>영어</u> 노래 제목을 찾기 위해 이 제어기(리모컨)를 사용하세요.

These are the songs with English lyrics.

영어가사로 된 노래가 있습니다.

No alcohol is allowed in the booths. Please finish your drinks outside.

노래방 안에는 주류 반입을 금합니다. 외부에서 음료를 마시기 바랍니다.

Customer: (PC방에서) Hi, how much is the price for one hour?

고객 안녕하세요, 한 시간에 얼마입니까?

Staff: It's seven thousand won per hour. Printing is extra, 500 won per page.

직원 한 시간에 7,000원입니다. 출력하시면 추가로 한 페이지에 500원입니다.

Customer: Which computer can I use?

어떤 컴퓨터를 사용해야 할까요?

Staff: Are you using the computer for gaming?

게임 하시기 위해 컴퓨터를 사용하려는 것입니까?

Customer: No, I just need to use the Internet.

아니요, 인터넷을 사용하려고 합니다.

Staff: Then use number 17 over there. Oh, and please don't download any programs onto the computer.

그럼 저쪽에 있는 17번 컴퓨터를 사용하세요. 컴퓨터에는 어떤 프로그램도 다운로드 받지 마시기 바랍니다.

➤➤ 아래의 어휘들을 올바르게 쓰세요. 그런 후 그 어휘를 활용하여 문장을 만드세요.

• 정답 291p

1 ldwaonod → _____

_____ .

2 lingo → _____

_____ .

3 gglgain → _____

_____ .

4 pnitrer → _____

_____ .

5 pablmetico → _____

_____ .

6.3

Amusement Park / Zoo / Museum
놀이동산 / 동물원 / 박물관

Please do not feed the animals.
동물들에게 먹이를 주지 마세요.

No flash photography. (사인판)
플래시 촬영 금지.

How many people?
몇 명입니까?

(Go to) Line number 2.
2번 라인(으로 가세요).

The museum is free on Wednesdays.
수요일에는 박물관 입장료가 무료입니다.

The main gallery is free, but you have to pay for the special collection.
본관 갤러리는 무료입니다만 특별전은 입장료를 내셔야 합니다.

This ride has a height restriction. Let me check your height.
이 탑승기구는 키 제한이 있습니다. 키를 재겠습니다.

You have to leave your bag in the lockers over there.
가방은 저쪽에 있는 사물함에 보관하시기 바랍니다.

This is a security checkpoint. Can I inspect your bag?
여기는 보안 검색대입니다. 제가 가방을 검사해도 될까요?

This area is for employees only.
여기부터는 직원 전용입니다.

[고객] Two general passes. / all-access passes.
일반 이용권 2장 주세요. / 자유 놀이이용권 주세요.

[고객] Two adults and one child.
어른 두 명과 어린이 한 명입니다.

[고객] I've lost my camera.
제 카메라를 분실했습니다.

Try checking at the Lost and Found Office.
분실물 센터에서 확인해 보세요.

Please go to the information center by the entrance.
입구쪽 안내소로 가세요.

If you feel sick, you should go to the first-aid center.
만약 아프시면, 응급처치 센터로 가시기 바랍니다.

[고객] Where is the Monet exhibit?
모네 작품 전시관은 어디입니까?

Please take a guidebook. It's free.
guide map 안내 지도

안내 책자를 받으세요. 무료입니다.

Don't knock on the glass.

유리를 두드리지 마세요.

You must be at least 19 years old.

최소한 19세 이상이어야 합니다.

You must be at least 110 cm tall.

키가 최소한 110 cm 이상이어야 합니다.

This is the single rider line. Are you OK with riding alone?

이것은 1인승 대기 줄입니다. 혼자 타시는 것 괜찮으세요?

You need to download our app to reserve a time on this ride.

이 놀이기구를 탈 예약 시간을 지정하려면 앱을 다운로드 받으셔야 합니다.

The waiting time is listed on the board.

대기 시간은 화면에 표시됩니다.

This time is for people with fastpass tickets. If you don't have a ticket, the standby time is 45 minutes.

이번에는 패스트패스 (우대)이용권을 가지고 있는 사람만 탑승할 수 있습니다. 해당 티켓을 소지하지 않은 분께서는 45분 기다려주세요.

Please remove all glasses, hats and cellphones and place them in this basket. You can pick them up again after riding the coaster.

안경, 모자 및 휴대폰은 소지할 수 없습니다, 여기 바구니에 보관하세요. 코스터를 타고 난 후에 다시 가져가시기 바랍니다.

Don't forget to empty your pockets and check for any loose items.

주머니를 반드시 비우셔야 합니다, 놓친 물건이 있는지 확인하세요.

We are experiencing technical difficulties. The ride will resume shortly.

저희는 현재 기술적인 문제가 발생했습니다. 이 탑승기구는 신속히 재개될 예정입니다.

Please remain seated at all times and keep your hands and arms inside the vehicle.

자리에 계속 앉아 있어 주시고 손과 팔은 놀이(탑승)기구 안쪽으로 넣어 주세요.

 English Note
OK. 와 I'm OK. 의 차이점

서비스업에서 오해하기 쉬운 것 중 하나는 고객이 **OK** 문장으로 응답할 때 입니다. 대개 **OK**는 긍정적인 대답을 암시하지만, 다음의 예를 비교해 봅시다.

Q: **Would you like to buy a ride ticket?**
탑승권을 사시겠어요?

A1: **OK.** | **A2:** **That's OK. / I'm OK.**
네. <산다는 뜻> | 괜찮습니다. <안 산다는 뜻>

영어에서 **That's OK. / I'm OK.** 는 **I'm OK without it. I don't want it.** (그것이 없어도 좋아요. 저는 원하지 않습니다.) 라는 말입니다.

한국어로 '괜찮습니다'가 제의를 거절할 수 있는 말과 같이 영어에서도 바디 랭귀지와 목소리 톤으로 **That's OK.**의 의미를 담아 '관심 없다'는 것을 나타낼 수 있습니다. 그러니 고객의 **OK.** 대답에 세심한 주의를 기울여서 고객이 정말 무엇을 원하는지를 알아야겠습니다.

Guest: Excuse me, where is the T-Express? I can't find it on this map.

고객 실례합니다, T-Express는 어디에 있습니까? 이 지도에서 그곳을 찾을 수 없습니다.

Theme Park Staff: It's over here, in the adventure park section. Go down that path and then turn left at the plaza.

테마파크 직원 바로 여기, 어드벤처 공원 쪽에 있습니다. 저쪽 길로 내려 가셔서 플라자에서 왼쪽으로 가세요.

Guest: How long is the wait time for it?

얼마나 기다려야 합니까?

Staff: At this time of day, it should be around 90 minutes. But you can get a fast-track ticket for it.

이 시간에는 대략 90분 정도입니다. 그러나 손님께서 패스트트랙 이용 티켓을 구매하실 수 있습니다.

Guest: Does it have a height restriction?

키 제한이 있습니까?

Staff: Yes. You must be at least a hundred and twenty centimeters to ride it.

네. 그것을 타려면 120cm이상이어야 합니다.

Exercises 6.3

>> 아래의 그림이 나타내는 것은 무엇입니까? 지금까지 배운 표현으로 아래 그림에 대한 설명을 쓰세요.

• 정답 292p

1 102cm

-- •

2

-- •

3

-- •

4

-- •

5

-- •

CULTURE TIP

Addressing People
호칭 사용

✦ 서비스업에 종사하면서 생각해봐야 할 것 중 하나는 고객을 어떻게 적절하게 호칭할 것인가입니다.

✦ 고객의 이름을 모를 때, 남성분에게는 sir, 여성분에게는 **ma'am**을 사용합니다. 이 표현은 나이가 있으신 분이거나 존경받는 사람들에게 사용되며, 젊은 사람들에게는 잘 사용하지 않습니다.

✦ 우리가 4.3 English Note(p.112)에서 보았듯이 고객은 **customers**라고 합니다. **This customer is asking about our return policy**. (이 고객님께서 반품 정책에 대해 질문하십니다)

✦ 영어에서는 '손님'이라고 호칭하는 대신에 성별에 따라 sir (선생님) 또는 ma'am (사모님)을 사용합니다.

"Customer, please follow me."(X) 손님, 저를 따라오세요.
"Sir / Ma'am, please follow me."(O) 선생님/사모님, 저를 따라오세요.

✦ 남성에게는 **Mister / Mr.**를 그들의 성과 함께 사용하고, 여성에게는 **Mrs. / Ms.**를 사용합니다.

이름   Mr. Thomas (X)
성   Mr. Frederiksen (O)

✦ 일반적으로 영어에서는 자주 이름을 호칭하지는 않습니다. sir 또는 **ma'am**을 빼고 **How may I help you?**(제가 도와드릴까요?)라는 한 문장만 사용하는 것도 좋을 것 같습니다.

Chapter 7

Airline and Immigration
항공사와 출입국

Chapter 7 ——— Vital Vocabulary

☐ **Alien Registration Card** [éiljən rèdʒistréiʃən kɑːrd]	외국인 등록 카드
☐ **arrival** [əráivəl]	도착
☐ **baggage claim tag** [bǽgidʒ kleim tæg]	수하물 표
☐ **bin** [bin]	선반
☐ **cabin** [kǽbin]	객실, 비행기 기내
☐ **carry-on** [k'æri an]	기내 반입용 수하물
☐ **compartment** [kəmpáːrtmənt]	격실, 칸
☐ **content** [kántent]	내용물
☐ **currently** [kə́ːrəntli]	현재
☐ **customs inspection** [kʌ́stəmz inspékʃən]	세관 검열
☐ **declaration** [dèkləréiʃən]	(세관 등에의) 소득·물품의 신고.
☐ **delay** [diléi]	지연
☐ **departure** [dipáːrtʃər]	출발
☐ **describe** [diskráib]	묘사하다, 설명하다
☐ **destination** [dèstənéiʃən]	목적지, 행선지
☐ **Dubai** [duːbái]	두바이(아랍 에미리트 연방 7개국 중의 한 나라)
☐ **duration** [djuréiʃən]	~동안
☐ **embassy** [émbəsi]	대사관
☐ **emergency landing** [imə́ːrdʒənsi lǽndiŋ]	비상 착륙
☐ **ESTA (Electronic system for Travel Authorization)**	전자 여행 허가제
☐ **expire** [ikspáiər]	만료되다
☐ **extension** [iksténʃən]	연장
☐ **immediately** [imíːdiətli]	즉시

☐ **immigration** [ìməgréiʃən]		이민 신고
☐ **inspect** [inspékt]		검사하다
☐ **instruction** [instrʌ́kʃən]		지시, 설명
☐ **landing** [lǽndiŋ]		착륙
☐ **lavatory** [lǽvətɔ̀:ri]		화장실
☐ **luggage** [lʌ́gidʒ]		짐, 수하물, 가방
☐ **occupy** [ɑ́kjupài]		차지하다, 사용하다
☐ **oxygen mask** [ɑ́ksidʒən mæsk]		산소 마스크
☐ **proceed** [prəsí:d]		진행하다, 나아가다
☐ **remind** [rimáind]		다시 말해주다, 상기시키다
☐ **remove** [rimú:v]		제거하다, 치우다
☐ **safety demonstration** [séifti dèmənstréiʃən]		안전 수칙 시연
☐ **seat belt** [si:t belt]		좌석벨트, 안전벨트
☐ **service fee** [sə́:rvis fi:]		수수료, 서비스 요금
☐ **shuttle** [ʃʌ́tl]		셔틀버스
☐ **stow** [stou]		싣다, 보관하다
☐ **tax-free** [tǽksfrí:]		면세의, 비과세의
☐ **terminal** [tə́:rmənl]		공항 청사 터미널
☐ **transfer** [trænsfə́:r]		환승하다
☐ **tray** [trei]		쟁반, 트레이
☐ **turbulence** [tə́:rbjuləns]		난기류
☐ **unattended** [ənəténdid]		방치된, 돌보는 사람 없는
☐ **underneath** [ʌ̀ndərní:θ]		아래에
☐ **valid** [vǽlid]		유효한

7.1

Check-in and departure
체크인과 출발

Where is your destination? / What flight are you on?

어디로 가십니까? / 어떤 비행기에 탑승합니까?

The plane departs in 1 hour.

비행기는 1시간 후에 출발합니다.

Your flight departs at 1:45. Boarding time is at 1:15. Please be at the gate at least 10 minutes before your boarding time.

고객님의 비행기는 1:45분에 출발합니다. 탑승 시각은 1:15분부터입니다. 최소한 탑승 시간 10분 전까지 탑승구 앞으로 오세요.

Please make your way to the departure terminal.

출국하는 터미널로 이동하시기 바랍니다.

This is an announcement for passenger, Larry Hughes.

Larry Hughes ([lǽri hjuːz]) 승객님을 찾는 안내 방송입니다.

Is this your luggage? Please don't leave any unattended luggage.

이것은 당신의 짐입니까? 수하물을 방치하지 마십시오.

Would you like to check in any bags?

짐 부칠 것이 있습니까?

You need a visa for this trip. / You don't have the right visa.

이번 여행을 위해 비자가 필요합니다. / 적합한 비자가 없네요.

Please wait. We have to inspect your bag.

기다려 주십시오. 당신의 가방을 검사해야만 합니다.

Please remove your shoes and belt and place them in this tray.

신발과 벨트를 벗어 이 바구니 안에 넣어 주시기 바랍니다.

Your bag is too heavy. You have to remove some of the contents or pay a fee.

가방이 너무 무겁습니다. 내용물을 줄이시거나 추가 요금을 지불하셔야 합니다.

This is the final boarding call for passengers traveling on flight AU401 to Dubai. Please proceed to gate 7 immediately.

두바이로 가는 항공편 AU401 이용 승객을 위한 마지막 탑승 안내 방송입니다. 7번 탑승구로 즉시 이동해 주시기 바랍니다.

You need to take the shuttle train to Terminal 1.

1터미널에서 셔틀 전철을 탑승하셔야 합니다.

It takes about 15 minutes extra to transfer to another terminal, so please leave early.

다른 터미널로 환승하려면 추가로 약 15분 더 소요되오니, 일찍 출발하시기 바랍니다.

Staff: Hello, ma'am, where is your destination?
직원 안녕하세요, 고객님, 어디로 가십니까?

Passenger: I'm on the 1:30 flight to New York.
승객 저는 1시 30분 뉴욕행 비행기를 탑승할 예정입니다.

Staff: OK, please let me see your passport. Do you have a valid visa and ESTA?
네, 여권을 보여주세요. 유효한 비자와 ESTA를 가지고 계십니까?

Passenger: Yes. I applied for my ESTA two years ago. It's still valid, right?
네. 저는 ESTA를 2년 전에 받았습니다. 유효한 것 맞죠?

Staff: Yes. Would you like to check in any baggage?
네. 수하물 체크인 하시겠습니까?

Passenger: No, I only have carry-on.
아닙니다, 기내 탑승용만 있습니다.

Staff: Alright, have a pleasant flight.
좋습니다, 즐거운 비행 시간 되세요.

>> 학습한 것을 기반으로 하여 아래 대화 문장의 빈칸을 채우세요.

• 정답 293p

Passenger: Could you help me? What _____ should I go to?

Staff: What _____ are you on?

Passenger: I'm on KA102 flying to Los Angeles.

Staff: Then you have to go to Gate 32. It's in Terminal 2. It takes about 15 minutes to _____ there with the shuttle train. When is your boarding time?

Passenger: My plane _____ in one hour.

Staff: Then you have enough time. By the way, is this your bag? Please don't leave any _____ luggage.

Passenger: Oh, sorry. I'll take it with me.

7.2

Boarding and takeoff
탑승과 이륙

We'd like to ask all passengers in rows 20–30 to please proceed for boarding.

20열에서부터 30열에 해당하는 승객분들께서는 탑승해 주시기 바랍니다.

This is a message for our passengers in business class.

비즈니스 클래스 승객님을 위한 안내방송입니다.

May I see your ticket?

티켓을 보여주시겠습니까?

Please take the left aisle.
$\qquad\qquad\qquad$ **right** 오른쪽

<u>왼쪽</u> 통로로 가시기 바랍니다.

This isn't your seat.

여기는 고객님의 좌석이 아닙니다.

We'd like to remind you that smoking is not allowed for the duration of this flight.

비행 시간 내내 흡연은 금지돼 있음을 다시 한번 말씀드립니다.

Please take a seat.

자리에 앉아 주십시오.

Please fasten your seatbelt.

안전벨트를 착용해 주십시오.

We will be taking off shortly.

우리는 곧 이륙할 예정입니다.

You can't leave your bags here.

이곳에 가방을 놓지 마십시오.

Please stow your bag in the overhead compartment.

좌석 위 짐칸에 가방을 보관하시기 바랍니다.

고객 **There's no space in the overhead bin.**

좌석 위 짐칸에 공간이 없습니다.

고객 **I've been separated from my family. Is it possible to ask someone to switch seats so we can sit together?**

제 자리가 가족으로부터 떨어져 있습니다. 제가 가족과 함께 앉을 수 있도록 다른 분과 좌석을 바꾸는 것이 가능할까요?

I'll ask another passenger if they would like to switch seats.

다른 승객중에 좌석을 바꿔주실 분이 있는지 물어보겠습니다.

Please return your seat to the upright position and fasten the trey table in front of you.

좌석 등받이가 바로 세워져 있는지 확인하시고 좌석 앞에 있는 테이블을 접어주시기 바랍니다.

고객 **We'd like to upgrade you to a business class seat.**
우리는 비즈니스 클래스 좌석으로 업그레이드하고 싶습니다.

In case of turbulence, return to your seat immediately.
난기류 통과시, 즉시 좌석으로 돌아가시기 바랍니다.

✦ ENGLISH FOCUS ✦

비행기 기내 안내 방송

● 비행기 승무원들이 외우고 있는 일반적인 기내 안내 표현들입니다.

Ladies and gentlemen, the captain has turned on the Fasten Seat Belt sign. Please return to your seats and fasten your seat belts.
신사 숙녀 여러분, 기장이 안전벨트 착용 사인을 켰습니다. 자리로 돌아가셔서 안전벨트를 매주시기 바랍니다.

If you haven't already done so, please stow your carry-on luggage underneath the seat in front of you or in an overhead bin(compartment).
만약에 아직도 소지품을 보관하지 않으셨다면, 소지품을 앞좌석 아래나 좌석 위 보관함에 보관하십시오.

If you are seated next to an emergency exit, please read the instructions card located in your seat pocket. If you do not wish

to perform the duties described in the event of an emergency, please ask a flight attendant to reseat you.
비상구 옆에 앉아 계신 분들은 좌석 포켓에 있는 안내 카드를 읽어보시기 바랍니다. 비상 시 설명된 의무를 수행하기를 원치 않으시면 승무원에게 좌석을 바꿔주기를 요청하셔야 합니다.

We remind you that this is a non-smoking flight. Smoking is prohibited on the entire aircraft, including the lavatories.
비행기 안에서는 화장실을 포함하여 전 구역 금연입니다.

We ask that you switch off all electronic devices during takeoff and landing or keep them in airplane mode.
모든 전자 기기는 이륙과 착륙 중에 끄거나 비행기 탑승 모드로 유지하시기 바랍니다.

Cabin crew, please prepare for gate departure / landing.
캐빈 크루(승무원), 탑승구 출발/착륙 준비해 주세요.

Staff:	Hello, sir, may I see your ticket? Your seat is 27E. Please take the left aisle.
직원	안녕하세요, 고객님, 티켓을 보여주시겠습니까? (티켓 확인 후) 27E 좌석입니다. 왼쪽 통로로 들어가세요.
Passenger:	Could you help me stow my bag? There's no space in the overhead bin.
승객	제 가방을 보관하여 주시겠습니까? 위쪽 선반에는 공간이 없습니다.
Staff:	Just a minute. We'll find a place to store it.
	잠시만요. 저희가 가방을 보관할 곳을 찾아드리겠습니다.
Passenger:	Miss, do you think I could change seats? I don't want to sit next to an emergency exit.
	저기요, 좌석 변경을 할 수 있을까요? 저는 비상구 옆에 앉고 싶지 않습니다.
Staff:	OK, let me check if we have any empty seats.
	네, 빈 좌석이 있는지 확인하겠습니다.

>> 아래 상황에 대한 안내 방송문을 만드세요. 스피커를 통하여
   뭐라고 말씀하시겠습니까?

• 정답 294p

1

....

....

2

....

....

3

....

....

4

....

....

7.3

Services and landing
기내서비스와 착륙

Did you call for assistance?
도움을 요청하셨습니까?

고객 **My screen doesn't work.**
제 화면이 나오지 않습니다.

We'll try to reset it. Please wait a few minutes.
저희가 다시 켜드리겠습니다. 잠시만 기다려주십시오.

The <u>bathroom</u> **is currently occupied.**
　　　lavatory　화장실
<u>화장실</u>은 현재 사용 중입니다.

We are now offering tax-free shopping.
저희는 면세 상품을 판매하고 있습니다.

Do you need a customs declaration form or arrival card?
관세 신고서 또는 입국 신고서가 필요하십니까?

고객 **Could you wake me for meals?**
식사 때 깨워주시겠습니까?

고객 Could you remove my trash, please?

쓰레기를 치워주시겠습니까?

고객 Could I have another blanket?

담요 하나 더 주실 수 있습니까?

Please wait a minute. The cart is coming soon.

잠시만요. 카트가 곧 지나갑니다.

고객 I have to transfer to another flight. Will I have enough time?

저는 다른 비행기로 환승해야 합니다. 시간이 충분할까요?

We'll have a cart waiting for you when you arrive.

도착 시 카트를 준비해 놓겠습니다.

Ladies and Gentlemen, we will be landing soon. Please do not turn on your mobile phones until the plane has come to a complete stop.

신사 숙녀 여러분, 이 비행기는 곧 착륙합니다. 비행기가 완전히 멈출 때까지 휴대폰을 켜지 마십시오.

Flight Attendant:
승무원

Sir, we're landing soon. Could you please raise your seat and fasten your tray table?

승객님, 우리는 곧 착륙할 예정입니다. 좌석을 바로 세워주시고 테이블을 고정시켜 주시기 바랍니다.

Passenger:
승객

Of course. By the way, do you know what terminal we are landing at? I have to transfer to another flight.

그렇게 하겠습니다. 그런데, 저희가 몇 번 터미널에 착륙하는지 알고 계십니까? 저는 다른 비행기로 환승해야 합니다.

Flight Attendant:

Let me check for you. I'll be right back.

제가 확인해 보고 바로 돌아오겠습니다.

Flight Attendant:

Your next flight leaves from Terminal 3. You need to take a shuttle to get there.

3터미널에서 출발하는 비행기입니다. 승객께서는 그곳으로 가시기 위하여 셔틀을 탑승하셔야 합니다.

Passenger:

Does it take long?

오래 걸립니까?

Flight Attendant:

No, don't worry. You have enough time.

아닙니다, 걱정하지 마세요. 시간은 충분합니다.

➤➤ 아래의 내용에 알맞은 응답을 선택하세요.

·정답 295p

1 **Do you need an immigration form?**

(A) Yes, please. Could I borrow a pen too?

(B) No, thanks. I have nothing to declare.

2 **The bathroom is currently occupied.**

(A) That's OK, you go first.

(B) OK, I'll wait.

3 **My screen doesn't work.**

(A) We'll reseat you to the front.

(B) We'll try to reset it.

4 **Could you remove my trash, please?**

(A) OK, we'll have a shuttle cart waiting for you.

(B) Please wait. The cart is coming soon.

7.4

Immigration
출입국 관리소

How long will you be staying in Korea?
한국에 얼마나 계실 예정입니까?

Is this your first time in the country?
이곳 방문이 처음이신가요?

고객 I'd like to apply for an E2 visa.

　　　　　apply for a visa extension 비자 연장을 신청
　　　　　register a change of address 변경된 주소를 등록
　　　　　get a new Alien Registration Card 새 외국인 등록증을 받기
나는 E2 비자를 신청하고자 합니다.

You have to schedule an appointment online.
온라인으로 예약하셔야 합니다.

Your visa has expired.
귀하의 비자는 만료되었습니다.

Your passport is expiring soon. You need to renew it at an embassy before you can apply for a visa.

귀하의 여권은 곧 만료됩니다. 비자를 신청하시기 전에 대사관에서 갱신하셔야 합니다.

This needs to be signed by your employer.

귀하의 고용주로부터 이곳에 서명을 받으셔야 합니다.

Here is a list of the documents that you need. Please give this to your employer.

필요한 서류들의 목록입니다. 당신의 고용주에게 주시기 바랍니다.

You need to pay a service fee. It's sixty thousand won.

업무처리 수수료를 납부하셔야 합니다. 60,000원입니다.

Go to the second floor and pay for your stamps. Then, paste them on the application, here.

수입인지 대금을 납부하기 위하여 2층으로 가세요. 신청서 이곳에 인지를 붙이세요.

Please come back to pick up your card in 3 days.

3일 후 카드를 수령하기 위해 다시 오시기 바랍니다.

I think you're applying for the wrong kind of visa.

적합하지 않은 비자를 신청하신 것 같습니다.

We're going to process your application. If it's approved, you can get your card in an hour.

귀하의 신청서를 처리할 예정입니다. 승인이 나면, 한 시간 후에 카드를 받으실 수 있습니다.

Immigration Officer: 출입국 관리소 직원	**How may I help you?** 무엇을 도와드릴까요?
Applicant: 지원자	**My visa expires in a month, so I need to apply for an extension.** 비자가 한 달 후에 기간 만료됩니다. 연장 신청하려 합니다.
Officer:	**What type of visa do you currently have?** 현재 가지고 계신 비자 종류가 뭐죠?
Applicant:	**I have an E2 work visa. I'd like to extend it for another three months.** E2 취업 비자입니다. 3개월 더 연장하고 싶습니다.
Officer:	**Here is a list of the documents that you need. We also need a photocopy of your employment contract.** 필요한 서류들의 목록입니다. 또한 당신의 고용 계약서 사본도 필요합니다.
Applicant:	**OK, I will prepare that and return next week.** 알겠습니다, 다음주에 준비해서 다시 오겠습니다
Officer:	**OK. I recommend you to apply at least 15 days before your current visa expires. Also, make sure that your passport is valid for at least a year.** 좋습니다. 비자 만료 15일 전에는 신청하는 것이 좋습니다. 또한 여권이 1년 이상 유효한지도 확인하시기 바랍니다.

>> 아래의 의미에 맞는 영어 단어를 쓰세요.

• 정답 296p

1 유효 기간을 연장하는 것

-- .

2 지원서를 승인하는 것

-- .

3 사용 기간이 남아있지 않을 때

-- .

4 당신을 고용한 사람

-- .

5 무언가의 기간을 늘리는 것

-- .

CULTURE TIP

Romanizing Hangeul
한글의 로마자 표기

✣ 만약 광고나 사람의 이름, 메뉴 등을 영어로 쓰고 싶을 때 한국어를 영어 알파벳 발음으로 바꾸어 적거나 그 반대의 경우에도 유용한 표입니다.

Korean vowels	English	Korean consonants	English
ㅏ	a	ㄱ / ㄲ	g/k/gg
ㅐ	ae	ㄴ	n
ㅑ	ya	ㄷ / ㄸ	d/t/tt
ㅒ	yae	ㄹ	r/l
ㅓ	eo	ㅁ	m
ㅔ	e	ㅂ / ㅃ	b/p/bb
ㅕ	yeo	ㅅ / ㅆ	s/ss
ㅖ	ye	ㅇ	ng
ㅗ / ㅛ	o / yo	ㅈ / ㅉ	j / jj
ㅡ	eu	ㅊ	ch
우 / 유	u / yu	ㅋ	k
ㅣ	i	ㅌ	t
ㅢ	ui	ㅍ	p
ㅚ	oe	ㅎ	h

✣ 위 표는 어떤 단어든 영어 발음으로 바꾸어 표기할 수 있습니다. 아래와 같습니다:

강남구청 = Gangnam-gu cheong
떡볶이 = tteokboggi
유태인 = yutaein

김태영 = Kim Taeyeong
외국인 = oegugin

Chapter 8

Financial Services and Electronics

금융 서비스와 전자기기

Vital Vocabulary

☐ **account** [əkáunt]	계좌
☐ **amount** [əmáunt]	액수, 금액
☐ **automatically** [ɔ̀:təmǽtikəli]	자동적으로
☐ **BIC (bank identifier code)** [bik]	은행 식별 코드
☐ **cash** [kæʃ]	현금
☐ **complete** [kəmplíːt]	완료된, 완성된
☐ **credit card** [krédit kɑːrd]	신용 카드
☐ **debit card** [débit kɑːrd]	체크 카드, 직불 카드
☐ **deduct** [didʌ́kt]	공제하다
☐ **electronics** [ilèktrɑ́niks]	전자기기
☐ **exchange** [ikstʃéindʒ]	환전하다
☐ **financial** [finǽnʃəl]	재무, 금전상의
☐ **hotspot** [hɑ́tspɑ̀t]	핫스팟 (무선으로 네트워크에 접속하여 초고속 인터넷과 각종 콘텐츠를 이용할 수 있는 서비스 가능 지역)
☐ **ID card** [àidíː kɑːrd]	신분증
☐ **inquire** [inkwáiər]	문의하다, 알아보다
☐ **insurance** [inʃúərəns]	보험
☐ **interest rate** [íntərəst reit]	이자율, 금리
☐ **loan** [loun]	대출, 융자

☐ **paid** [peid]		지불된
☐ **pension** [pénʃən]		연금
☐ **period** [píːəriəd]		기간
☐ **prepaid** [priːpéid]		선불의, 선납의
☐ **probably** [prábəbli]		아마
☐ **proceed** [prəsíːd]		진행하다, 나아가다
☐ **provider** [prəváidər]		제공자, 사업자
☐ **roaming feature** [róumiŋ fíːʧər]		로밍 모드
☐ **send** [send]		송금하다, 보내다
☐ **sepecific** [spisífik]		특정한
☐ **sim card** [sim kɑːrd]		유심카드(Subscriber Identification Module) 가입자 식별 모듈 카드
☐ **successfully** [səksésfəli]		성공적으로, 잘
☐ **SWIFT code** [swift koud] **(Society for Worldwide Interbank Financial Telecommunications)**		국제 은행 식별 코드
☐ **transaction** [trænsǽkʃən]		거래
☐ **transfer** [trænsfɔ́ːr]		이체하다, 송금하다
☐ **unfortunately** [ənfɔ́ːrʧənətli]		안타깝게도
☐ **unpaid** [ənpéid]		지불되지 않은
☐ **withdraw** [wiðdrɔ́ː]		출금하다

8.1

Banking
은행 업무

Do you have a Korean account?
한국에서 개설한 은행 계좌가 있습니까?

I need your passport and ID.
고객님의 여권과 신분증이 필요합니다.

It will take one business day.
업무 처리 하는 데 하루가 걸립니다.

It will take two business days to process.
업무를 처리하는 데 (공휴일 빼고) 이틀이 걸릴 것입니다.

Your account is empty. There's no money on your account.
고객님 계좌에는 잔고가 없습니다.

The payments will be deducted automatically from your account.
결제는 고객님의 계좌에서 자동으로 공제될 것입니다.

The payment will be processed on the 17th of each month.
결제는 매달 17일에 처리됩니다.

Please fill out this form.

이 서류를 작성해 주십시오.

고객 I'd like to   <u>open a new account.</u>

get a loan 대출을 받다
transfer money overseas 해외로 송금하다
close my account 계좌를 해지하다
exchange some money 환전하다
get a new credit card 새 신용카드를 만들다

<u>신규 계좌를 개설하고</u> 싶습니다.

Write your name and signature here and here.

여기와 여기에 이름을 쓰고 서명해 주세요.

 English Note
Asking for a signature

때로는 어떤 사람의 정확한 이름이 필요할 때가 있습니다. 그럴 경우에 아래의 문장을 이용하면 도움이 될 것입니다.

Please write your   <u>full name</u> 성명
last name (family name) 성
given name (first name) 이름
full name as it is written in your passport
여권에 적힌 성명

<u>성명</u>을 적어주십시오.

Your card has expired. We will send you a new card.

고객님 카드는 사용 기한이 만료되었습니다. 저희가 새로운 카드를 보내 드리겠습니다.

Please type your 4-digit password / pin number.

네 자리 비밀번호(개인 식별번호)를 입력해 주세요.

Your transaction is complete. / Your transaction has been successfully processed.

고객님의 거래가 완료되었습니다. / 고객님의 거래가 성공적으로 처리되었습니다.

Please choose your new 4-digit Pin number. Don't show it to anyone else.

새로운 네 자리 비밀번호를 선택하세요. 다른 사람에게 보여주지 마세요.

Please type it again to confirm the new pin number.

새 비밀번호를 확인하기 위해 다시 누르세요.

This loan is only available to Korean citizens.

한국인에게만 이용가능한 대출입니다.

You need to pay your bills at this machine. Let me show you how.

이 기기를 통해 납부해야 합니다. 제가 어떻게 사용하는지 보여드리겠습니다.

The bank closes at 4 p.m., but you can use the ATM machines until 11.

은행은 오후 4시에 문을 닫습니다만, 저녁 11시까지 자동화기기를 이용할 수 있습니다.

You need to contact your bank in your home country.

당신의 본국에 있는 은행에 연락하셔야 합니다.

If you want to make an international transfer, you need the SWIFT code of the other bank. It's used to identify the bank.

해외 송금을 원하신다면, 해당은행의 **SWIFT**코드가 필요합니다. 그것은 해당은행을 확인하기 위해 사용됩니다.

The exchange rates are written here. These are our buying and selling rates.

환율은 여기에 적혀져 있습니다. 매수율과 매도율입니다.

Would you like me to sign you up for e-banking?

인터넷 뱅킹에 가입해 주시겠습니까?

You need to download our banking app for your phone.

당신의 전화기에 저희 은행 앱을 다운로드 받으실 수 있습니다.

Customer:
고객
I'd like to open a new savings account.
신규 저축예금 계좌를 개설하고 싶습니다.

Bank teller:
은행창구직원
I need your ID card or passport, please.
고객님의 신분증이나 여권이 필요합니다.

Customer:
How much is the interest rate?
이자율은 어느 정도입니까?

Bank teller:
Because it's a savings account, it's only 0.34 percent. If you want a higher rate, you can open an account with a one-year time deposit. That gives you 1.6 percent interest rate, but you have to deposit at least a million won.
저축예금 계좌의 경우 0.34%입니다. 만약 좀 더 높은 이자율을 원하실 경우 1년 약정 예금 계좌를 개설하시기 바랍니다. 그것은 1.6% 이율을 제공합니다. 그러나 최소한 백만원을 예치하셔야 합니다.

Customer:
Oh, I think I'll just stick to the savings account then...
아, 그러면 제 생각에는 저축예금 계좌만 만드는 것이 좋을 것 같습니다...

Bank teller:
OK, please fill out the marked spaces on this form. When you're done, please choose your 4-digit password and type it here.
네, 이 서류에 표시된 곳을 작성해 주세요. 완료되시면 네 자리 비밀번호를 선택하여 여기 입력해 주시기 바랍니다.

>> 아래 표현들의 의미를 기억하나요? 아래 표현을 우리말로 쓰
세요.

• 정답 297p

1 savings account _____

2 transaction _____

3 deducted _____

4 one-year time deposit _____

5 expired _____

6 The payment will be processed. _____

7 It will take two business days. _____

8.2

Call center
Handling phone calls
콜센터 / 전화 응대

Paris Bakery, Ji-eun speaking.
파리 베이커리의 지은입니다.

Thank you for calling Samsung Customer Service, how may I help you?
삼성 고객 서비스센터에 전화해 주셔서 감사드립니다. 무엇을 도와드릴까요?

He / She can't come to the phone right now.
그는 / 그녀는 지금 전화를 받을 수 없습니다.

English Note
A/S 센터

우리나라에서는 제품을 수리해 주는 곳을 'A/S 센터'라고 합니다. 그러나 'A/S'는 **After sales service**라는 용어의 콩글리시입니다. 영어로는 **service center**라고 하죠.

I need to visit the service center to replace my phone.
나는 내 전화기를 교체하러 서비스 센터를 방문해야 합니다.

우리는 어느 회사가 **customer service** (고객 서비스)나 **after-sales service**(상품을 판매한 이후 결함이 있는 제품을 고쳐주거나 교체해 주는 것)을 포함하여 고객과 얼마나 잘 소통하는지로 그 회사의 신용도를 측정합니다.

I'm / he's / she's busy at the moment.

저는 / 그는 / 그녀는 지금 바쁩니다.

Let me call you back. / Can I call you back at this number?

제가 다시 전화 드리겠습니다. / 이 번호로 다시 전화 드려도 될까요?

Let me transfer you. Please hold.

전화 바꿔드리겠습니다. 끊지 말고 기다려 주세요.

Thank you for holding. Here's the answer to your question.

기다려주셔서 감사합니다. 고객님의 질문에 대한 답변입니다.

You can use our website, www.DHS.co.kr, to find the service center nearest to your home.

저희 홈페이지 www.DHS.co.kr에 접속하시면 고객님의 집에서 가장 가까운 서비스 센터를 찾으실 수 있습니다.

Unfortunately, I can't help you with that over the phone. You need to visit a service center in person.

죄송하지만 통화상으로는 제가 도와드릴 수 없습니다. 직접 방문해서 서비스를 받으셔야 합니다.

Could I ask __what nationality you are?__

when you bought it 언제 구매하셨는지

how long you'll be in Korea 한국에 얼마나 머물 예정인지

<u>당신의 국적을</u> 여쭤봐도 될까요?

Operator: Thank you for calling the Seoul Global Center. How may I help you?

전화 교환원 서울 글로벌 센터로 연락주셔서 감사합니다. 무엇을 도와드릴까요?

Caller: Hello, I have a question about my visa.

통화자 안녕하세요, 제 비자에 대해 물어보려 합니다.

Operator: OK, let me transfer you to the visa department. Please hold.

알겠습니다, 비자 부서로 전화를 돌려드릴게요. 끊지 말고 기다려 주세요.

Operator 2: visa Department, Hyeon-seob speaking.

전화 교환원2 비자 부서의 현섭입니다.

Caller: Yes, I'm calling to inquire about my visa. I'd like to switch from a student visa to a work visa.

네, 저는 제 비자에 대해 물어보려고 전화드렸습니다. 학생 비자에서 취업 비자로 바꾸고 싶습니다.

Operator 2: I see. Unfortunately, it's difficult for me to give you counseling about your specific situation. I recommend that you visit our center in person. You can visit www.sgc.net to find the center closest to your home.

알겠습니다. 죄송하지만 제가 그 부분은 상담을 해드리기는 어렵습니다. 직접 센터로 방문해 주셔야 합니다. 집 근처 가장 가까운 센터를 찾으시려면 www.sgc.net 사이트에 접속하세요.

Caller: Is there anything I need to prepare?

제가 준비해서 가야 할 것이 있나요?

Operator 2: Please bring your visa, a recent financial statement, and your work contract.

본인 비자와 최근 소득증명서, 그리고 근로계약서를 가지고 오시길 바랍니다.

>> 전화 상황에서 고객의 질문에 알맞은 대답을 하세요.

• 정답 298p

Customer: Hello?

You: ---

Customer: Hi, my name is Clint. I'd like to talk to Sarah Greenfeld.

You: ---

Customer: Oh, she's not available? Then maybe you can help me. I'd like to know what time your store opens and closes this weekend.

You: ---

Customer: Thank you. Can I call you back later at this number? Please let me know your name and position.

You: ---

Customer: OK, goodbye.

You: ---

8.3

Phone store
전화기 매장

Do you want a monthly plan or a prepaid sim card?
월 단위 약정을 원하세요 아니면 선불 심카드를 원하세요?

You need an Alien Registration card and a Korean bank account to sign up.
신청하시려면 당신은 외국인 등록증과 한국의 은행 계좌가 필요합니다.

고객 **What kind of payment plan can I get?**
결제 방법에는 어떤 것이 있습니까?

고객 **How do I sign up for membership bonuses?**
회원제 보너스를 위하여 가입은 어떻게 합니까?

고객 **I'm looking for a pre-paid sim card.**
선불제 유심카드를 구매하려고 합니다.

고객 **Do you have a phone case for this model?**
이 모델에 맞는 휴대폰 케이스가 있나요?

Who is your service provider? LG, SK or KT?
어느 통신사에 가입하셨습니까? LG, SK 아니면 KT?

What name is the phone registered under?

전화기는 누구 명의로 가입하셨습니까?

You need to turn on the roaming feature. Can I see your phone, please?

로밍 모드로 변경하셔야 합니다. 당신의 휴대폰 좀 봐도 될까요?

We can't fix it here. You need to visit a service center.

여기서 고칠 수는 없습니다. 서비스센터로 찾아 가셔야 합니다.

We have free hotspots all over the city. Just sign in on your phone.

우리는 도시 곳곳에 무료 핫스팟이 있습니다. 휴대폰으로 가입만 하시면 됩니다.

Your phone is locked. You need to unlock it first before using this sim card.

휴대폰이 잠겨있습니다. 이 심카드를 사용하기 전에 먼저 잠금 해제를 하셔야 합니다.

You can top up your sim card at most convenience stores.

대부분의 편의점에서 심카드를 충전할 수 있습니다.

This sim card gives you unlimited data for 10 days, but no calls or text messages.

이 심카드는 열흘간 무제한으로 데이터 사용이 가능합니다. 하지만 통화나 문자는 하실 수 없습니다.

The unlimited monthly data plan costs 65,000 won per month. The contract lasts for 2 years.

매달 무제한으로 데이터 사용이 가능한 65,000원 요금제입니다. 2년 약정 상품입니다.

Shopper: 쇼핑객	**Hi, I need to get some data for this phone.** 안녕하세요. 이 휴대폰에 데이터 충전하고 싶은데요.
Employee: 직원	**Do you want a monthly plan or a pre-paid sim card?** 월 단위 약정을 원하세요 아니면 선불 심카드를 원하세요?
Shopper:	**I'm not really sure, what's the difference?** 정말 잘 모르겠어요. 뭐가 다른거죠?
Employee:	**The monthly plan is cheaper but it's only for people living in Korea. How long are you here for?** 한국에 사는 사람에 한해서는 월 단위 약정이 저렴합니다. 얼마나 계실거죠?
Shopper:	**Just one month.** 한 달간요.
Employee:	**You need a sim card then. Will you only be using your phone to access the Internet or for calls and messages as well?** 그러면 심카드를 쓰세요. 휴대폰을 주로 인터넷만 사용하실 건가요? 아니면 전화와 메시지도 사용하실 건가요?
Shopper:	**Probably just for the Internet.** 아마 인터넷만요.
Employee:	**In that case, I recommend this card. It gives you unlimited data for 30 days and costs 71,000 won. I'll help you set it up.** 그렇다면 이 카드를 추천드려요. 30일간 데이터를 무제한으로 제공하고 비용은 71,000원입니다. 설치를 도와드리겠습니다.

Exercises 8.3

>> 각 문장들은 적어도 하나 이상의 오류가 있습니다. 아래의 빈 칸에 올바른 문장으로 고쳐 쓰세요.

• 정답 299p

1 You need to turn on the roaming features.

→ --

2 What name is the phone registration under?

→ --

3 You can top on your sim card at most convenience stores.

→ --

4 Do you like a monthly plan or a free-paid sim card?

→ --

5 What do I sign up for a member bonus?

→ --

CULTURE TIP

Business Etiquette
비즈니스 에티켓

✦ 한국인이 아닌 외국인들과 사업을 할 때 유용한 몇 가지 문화 정보를 알려주고자 합니다.

✦ **Handshakes:** 요즘 세계적으로 **handshakes** (악수)는 조금씩 줄어들고 있는 경향입니다. 대신 **high fives** (하이 파이브)나 **fist bumps** (주먹 인사), **hugs** (포옹) 아니면 그냥 **wave** (손을 흔드는 것)로 바뀌고 있습니다. 하지만, 사업 관계로 누군가를 만나게 된다면 악수는 일반적인 인사 방법입니다. 그럴 때의 악수는 힘있게 하되 상대의 손가락을 꽉 쥐는 것은 에티켓이 아닙니다.

✦ **Business cards:** 서양 사람들은 한국 사람들처럼 명함을 서로 주고받는 일이 많지 않습니다. 더구나 요즘은 휴대폰 덕분에 명함은 더욱 더 필요하지 않게 되었습니다. 만약 명함을 주었는데 다음과 같은 반응을 보여도 당황하지 마세요. **I don't have a business card. Let's exchange phone numbers instead.** (저는 명함이 없습니다. 대신에 전화번호를 교환합시다.)

✦ **Personal space:** 붐비는 장소에서 손님에게 다가갈 때는 팔 하나의 간격 정도는 떨어져 상대의 개인적 공간을 존중해 주어야만 하며, 만약 당신이 잘 알지 못하는 사람이나 그들의 물건을 만지려고 할 때는 행동하기에 앞서 **May I take a look?** (제가 한 번 봐도 될까요?)나 **Do you want me to help?** (제가 도와드릴까요?) 라고 물어보는 것이 예의입니다.

✦ **Personal information:** 나이, 외모, 정치, 개인 수입 또는 데이트나 성적 취향과 같은 주제들은 개인 사생활과 관계된 민감한 사항이므로 질문에 불쾌함을 느낄지 확신이 없다면 **Do you mind if I ask … ?** (제가 …을 물어봐도 괜찮을까요?) 라는 문장을 사용할 수 있습니다.

> **Do you mind if I ask how old you are?**
> 나이가 어떻게 되는지 물어봐도 될까요?
> **Do you mind if I ask whether you're married?**
> 결혼하셨는지 물어봐도 괜찮을까요?

Chapter 9

Police and Security Guards
경찰과 보안 요원

Vital Vocabulary

alcohol level [ǽlkəhɔ́:l lévəl]	혈중 알코올 농도
arrest [ərést]	체포, 구금
break the law [breik ðə lɔ:]	법을 어기다
CCTV(closed - circuit television) [klouzd sə́:rkit téləvìʒən]	CCTV (폐쇄 회로 텔레비전)
consulate [kɑ́nsəlit]	영사관
crime [kraim]	범죄
describe [diskráib]	묘사하다, 설명하다
drunk driving[drʌŋk dráiviŋ] **DUI(driving under the influence)**	음주 운전
embassy [émbəsi]	대사관
fighting [fáitiŋ]	싸움
fine [fain]	벌금

police station [pəlíːs stéiʃən]	경찰서
resist [rizíst]	저항하다, 불응하다
safe [seif]	안전한
safety [séifti]	안전
security camera [sikjúərəti kǽmərə]	보안 카메라
shoplifting [ʃǽpliftiŋ]	상점에서의 좀도둑질
speeding [spíːdiŋ]	속도 위반
stealing [stíːliŋ]	절도, 훔치는
stolen [stóulən]	도둑맞은
trespassing [tréspəsiŋ]	무단 침입
violent [váiələnt]	폭력적인

9.1

Police
경찰

We need to ask you some questions.
몇 가지 질문 드리겠습니다.

Stay calm.
진정하세요.

What's wrong? What happened?
무슨 일이 있었습니까?

You are under arrest.
당신을 체포합니다.

Don't move. Sit down here.
움직이지 마세요. 여기 앉으세요.

I have to give you a fine for this.
이 건에 대해 당신에게 벌금을 부과해야 합니다.

We're taking you to the police station.
우리는 당신을 경찰서로 데려갈 예정입니다.

Please call your country's embassy.
당신 나라의 대사관으로 전화하세요.

You were speeding.

당신은 속도 위반을 하셨군요.

You were using the phone while driving

당신은 운전 중 휴대폰을 사용하셨습니다.

You were driving without a seat belt.

안전벨트를 착용하지 않고 운전하셨군요.

That's against the law in Korea.

그것은 한국에서 위법입니다.

You must be   **18**   **to**   **drink** in Korea.
                 18   **drive**   운전하기

한국에서 술을 마시려면 만18세 이상 되어야 합니다.

I need to check your alcohol level. Blow into this.

당신의 혈중 알코올 농도를 확인해 봐야겠습니다. 여기에 숨을 불어넣으세요.

Your alcohol level is too high. Please step out of the car.

알코올 농도가 너무 높습니다. 자동차에서 내리시기 바랍니다.

Where are you staying?

어디에 머물고 계십니까?

Let me see your ID, please.

신분증을 보여주세요.

I'll file a police report.

경찰에 보고서를 제출하겠습니다.

It may take some time to process. Sorry for the wait.

업무를 처리하는 데 시간이 좀 걸릴 것 같아요. 기다리게 해서 미안합니다.

We'll be in touch if there's any news.

무슨 소식이 있으면 연락 드리겠습니다.

Don't worry, you're not under arrest.

걱정 마세요. 당신을 체포하지 않습니다.

Where and when did this take place?

어디서 언제 이런 일이 발생했습니까?

Could you describe the   appearance?

contents 내용물

외모를 설명해 주시겠습니까?

If it happens again, please call us right away.

이런 일이 다시 발생한다면, 저희에게 바로 연락주세요.

Please wait here. We'll try to find a translator for you.

여기서 기다려주세요. 당신을 위해 통역사를 찾아보겠습니다.

Do you need to call your lawyer?

변호사에게 전화하시겠습니까?

It's illegal to do this in Korea.

한국에서 이것을 하는 것은 불법입니다.

I'm just going to give you a warning this time. Don't do it again.

이번에는 경고만 하겠습니다. 다시는 그러지 마세요.

We have a warrant for your arrest.

우리는 체포 영장을 가지고 있습니다.

Look for a tourist police office. They have offices in Hongdae, Myeongdong, Dongdaemun and Itaewon.

관광객을 위한 경찰서를 찾으세요. 홍대, 명동, 동대문 그리고 이태원에 있습니다.

We have your criminal record on file.

우리는 당신의 범죄기록을 가지고 있습니다.

English Note
File

우리는 "**file**"이라는 어휘를 이 책에서 공식 문서 또는 보고서를 제출할 때 여러 번 보았습니다. 이 어휘는 동사, 명사, 형용사구에서 모두 사용될 수 있다는 것을 알고 계시길 바랍니다.

Verb:	**I need to file this information into our system.**
동사	우리의 시스템에 이 정보를 보관해야만 합니다.
Noun:	**Please delete this file from the computer.**
명사	그 컴퓨터에서 이 파일을 삭제하시기 바랍니다.
Adj. phrase:	**All your contact information is on file.**
형용사구	당신의 모든 연락처 정보를 파일로 보관중입니다.

Man: **Officer, I need your help.**
남자 경찰관님, 도움이 필요합니다.

Police: **What's wrong? What happened?**
경찰 무슨 일입니까?

Man: **I think my bag was stolen. I left it at a restaurant and when I returned, it was gone.**
제 가방을 도둑맞은 것 같습니다. 제가 가방을 식당에 놓고 나왔는데 다시 되돌아 가보니 가방이 없어졌습니다.

Police: **Could you describe the contents of the bag?**
가방 안에 들어 있는 내용물들을 설명해 주시겠습니까?

Man: **It had my wallet and passport.**
제 지갑과 여권이 있었습니다.

Police: **OK, I'm going to file a report. We will contact you again if there's any news.**
네, 제가 보고서를 제출하겠습니다. 만약 새로운 사항이 있다면 다시 연락 드리겠습니다.

>> 각 문장의 밑줄 친 부분에 들어갈 올바른 표현을 고르시오.

• 정답 300p

1 You are _____ arrest.

in / under

2 You _____.

were speeding / did speeding

3 Please step out of the car.

Your _____ is too high.

alcohol level / blood pressure

4 That's _____ in Korea.

breaking the rules / against the law

5 I'm going to _____.

report a file / file a report

9.2

Security
보안

Why are you here?
왜 여기 오셨습니까?

Who are you visiting?
누구를 찾아오셨습니까?

Where are you going?
어디로 가십니까?

Are you looking for <u>something</u>?
someone 누구를
<u>무엇을</u> 찾고 계십니까?

Do you have their contact number?
그들의 연락처를 가지고 계십니까?

You are trespassing.
당신은 무단 침입을 했습니다.

(Please) write your name here.
여기에 이름을 써 주시기 바랍니다.

Wait, please.

기다려 주세요.

You can't go in. Please leave.

들어가실 수 없습니다. 나가주세요.

What <u>building</u> do they live in?

     room 방

그들은 어느 <u>건물</u>에 살고 있습니까?

`고객` **I'm meeting my friends, but I don't know where they live.**

제 친구들을 만나려고 하는데 그들이 어디에 사는지 모릅니다.

You're not allowed to be here.

당신은 여기에 계시면 안 됩니다.

I'm calling the police.

경찰을 부르겠습니다.

Guard: **Excuse me, where are you going?**
보안 요원   실례합니다, 어디로 가십니까?

Visitor: **I'm here to visit some friends.**
방문객   친구를 만나러 왔습니다.

Guard: **What building do they live in?**
그들은 어느 건물에서 살고 있습니까?

Visitor: **I don't know.**
잘 모르겠습니다.

Guard: **Do you have their contact number?**
그들의 연락처를 가지고 있습니까?

Visitor: **Yes, here it is.**
네, 여기 있습니다.

Guard: **I'll call them and tell them you're here. Please wait.**
제가 그분들께 전화해서 손님들께서 여기 있다고 말씀드리겠습니다. 기다려주세요.

➤➤ 우리가 배운 것을 활용하여 다음의 상황에 말할 문장을 쓰세요.

• 정답 301p

1 당신은 출입 제한 구역에 들어가는 사람을 보았습니다.

→ _____

2 어떤 사람이 아파트에 들어가고 있습니다. 무언가를 혹은 누군가를 찾는 듯합니다.

→ _____

3 어떤 사람이 친구와 만나기로 한 약속이 있다고 주장합니다.

→ _____

4 어떤 사람이 친구 집을 찾아가려 합니다. 하지만 친구가 사는 집의 호수를 기억하지 못합니다.

→ _____

CULTURE TIP

Effective Sales and Marketing Slogans
효과적인 판매와 마케팅 구호

✧ 광고 배너나 포스터를 만들 때는 소비자들이 제작자의 의도를 빨리 알 수 있는 메시지를 만드는 것이 매우 중요합니다.

✧ 예를 들자면, 저는 최근 **We will serve you more and more elaborately.** (우리는 당신을 더욱 더 정성 들여 대접하겠습니다)라고 쓰여진 광고 포스터를 보았는데 세심한 서비스를 제공하겠다는 것은 좋은 메시지처럼 보입니다만 **elaborately**[ilǽbərətli](정성 들여)라는 단어는 지나친 배려로 오히려 불편함을 줄 것 같습니다.

✧ 대신 **We strive to serve you better.** (우리는 고객님께 더 나은 서비스를 제공하기 위해 노력합니다) 또는 **Our goal is to give you considerate service.** (우리의 목표는 당신에게 친절한 서비스를 제공하는 것입니다)와 같은 문장들이 더 좋은 표현입니다. 하지만 일반적인 마케팅 메시지는 짧고 간결하게 **Great Service!** (훌륭한 서비스!)가 훨씬 더 좋은 문구입니다.

✧ 마케팅 구호를 좀 더 자연스럽게 만든 다음 메시지를 사용해 보세요.

Clearance sale – everything must go! 재고 정리 세일 - 창고 대방출!

Huge savings! Save money today! 엄청 쌉니다! 오늘 돈 벌어가는 것입니다!

Summer sale – new collection coming soon. 여름맞이 세일 – 신상품이 곧 도착합니다!

The best service at the lowest prices! 최저가로 최고의 서비스!

Famous local restaurants (as seen on MBC TV)
유명한 지역 맛집 (MBC TV 출연)

We are a leading / world-famous gaming company .
우리는 앞서가는 / 세계적으로 유명한 게임 회사입니다.

Chapter 10

Hair, Health and Beauty

머리카락, 건강과 미용

☐ acne [ǽkni]	여드름
☐ allergy [ǽlərdʒi]	알레르기
☐ antibiotics [æ̀ntibaiátiks]	항생제, 항생물질
☐ anti-inflammation medicine [ǽnti-infləméiʃən médɪsn]	소염제
☐ appointment [əpɔ́intmənt]	예약, 약속
☐ bangs [bæŋz]	(가지런히 잘라서 늘어뜨린) 앞머리
☐ bedridden [bédrìdn]	누워만 있는
☐ bleach [bliːʧ]	탈색
☐ bronchitis [brɑŋkáitis]	기관지염
☐ bushy [búʃi]	(털이) 덥수룩한
☐ callus [kǽləs]	굳은살
☐ consultation [kɑ̀nsəltéiʃən]	진찰
☐ coral [kɔ́ːrəl]	산호빛의, 적황색의
☐ cosmetics [kɑzmétiks]	화장품
☐ cough [kɔːf]	기침하다
☐ cuticle [kjúːtikl]	피부 각질
☐ dermatologist [dəːrmətálədʒist]	피부과 의사
☐ discharge [disʧɑ́ːrdʒ]	퇴원하다
☐ drip [drip]	링거 주사
☐ emergency [imɔ́ːrdʒənsi]	응급
☐ exfoliate [eksfóulièit]	(피부의) 각질을 제거하다
☐ food poisoning [fuːd pɔ́izəniŋ]	식중독
☐ glossy [glɑ́si]	광택있는, 윤기나는
☐ heat stroke [hiːt strouk]	일사병, 열사병
☐ hospitalize [hɑ́spitəlàiz]	~을 입원시키다
☐ infection [infékʃən]	감염

☐ **injection** [indʒékʃən]	주입, 주사
☐ **intensive care** [inténsiv kɛər]	집중 케어
☐ **invasive** [invéisiv]	몸에 칼을 대는, 외과적인
☐ **IV (intravenous)** [intrəví:nəs]	정맥 주사
☐ **LASIK(laser-assisted in situ keratomileusis)**[léisik]	라식 수술
☐ **layer** [léiər]	머리를 층지게 깎다
☐ **liposuction** [lípəsʌkʃən]	지방 흡입술
☐ **matte** [mæt]	윤이 없는, 무광의
☐ **nurse** [nə:rs]	간호사
☐ **pore** [pɔ:r]	모공
☐ **prep** [prep]	준비시키다
☐ **prescribe** [priskráib]	처방하다
☐ **prescription** [priskrípʃən]	처방전
☐ **puff** [pʌf]	(화장의) 퍼프
☐ **scent** [sent]	향
☐ **shade** [ʃeid]	색조
☐ **sideburns** [sáidbə:rnz]	구레나룻
☐ **skincare** [skínkɛər]	피부 관리
☐ **symptom** [símptəm]	증상, 증세
☐ **syringe** [səríndʒ]	주사기
☐ **throat** [θrout]	목구멍, 인후
☐ **throat infection** [θrout infékʃən]	목 감염
☐ **treatment** [trí:tmənt]	치료
☐ **urgent** [ə́:rdʒənt]	신속한, 응급한
☐ **vaccination** [væksənéiʃən]	백신 접종

10.1

Doctor's office
Hospital reception
의원 / 병원 접수처

Do you have an appointment?
예약하셨습니까?

Where does it hurt?
어디가 아프십니까?

Do you have any insurance?
가입하신 보험 있으세요?

`고객` **I'm just a tourist.**
저는 관광객입니다.
I don't have national insurance.
                an alien registration card 외국인 등록증
나는 국민건강보험이 없습니다.

Please wear this face mask.
이 마스크를 착용하세요.

I need to prep you for surgery.
                an IV drip 정맥 링거
                a vaccination 백신 접종
수술을 위해 준비를 해드리겠습니다.

Do you have any allergies (we should know about)?

(우리가 알아야 할) 알레르기가 있나요?

Are you allergic to any medicine?

특정한 의약품에 대한 알레르기가 있습니까?

고객 **I need urgent care / treatment. It's an emergency.**

응급 조치가 필요합니다. 긴급 상황입니다.

You'll have to stay here overnight. / You need to be hospitalized.

당신은 여기서 하룻밤 입원하셔야 합니다. / 입원하셔야 합니다.

Is this your first time at this hospital? Do you have a record here?

이 병원에서 진료받는 것이 처음입니까? 이곳 진료 기록이 있으세요?

Please have a seat in the waiting room. We'll call you soon.

대기실에 앉아계세요. 곧 당신 이름을 부르겠습니다.

Ms. Linda Styles? The doctor will see you now.

린다 스타일스 양? 지금 진료 보겠습니다.

We're discharging you from the hospital today.

오늘 퇴원시킬 예정입니다.

Patient: Hello, I need to see a doctor.

환자   안녕하세요, 진료를 받고자 합니다.

Receptionist: Please fill out this form. Also, may I see your ID?

접수처 직원   이 서류를 작성해 주세요. 신분증도 보여주시겠습니까?

Patient: I'm just a tourist. I don't have a Korean registration card.

저는 관광객입니다. 한국 신분증은 없습니다.

Receptionist: No problem. Your passport is OK. Do you have any kind of insurance?

괜찮습니다. 여권도 가능합니다. 가입하신 보험이 있습니까?

Patient: Yes, I have travel insurance.

네, 저는 여행자 보험에 가입되었습니다.

Receptionist: Good. Please take a seat. I'll call you when it's time for your appointment.

좋습니다. 자리에 앉으세요. 진료시간 차례가 되면 제가 당신의 이름을 부르겠습니다.

➤➤ 아래의 환자 등록을 보고 배운 어휘를 생각해서 아래 문장에
가장 적합하게 쓰일 어휘를 빈 칸에 채우세요.

• 정답 302~303p

LIST OF PATIENTS
AT MYUNGJI CENTRAL HOSPITAL

Nov. 05

Calvin Todd (Male, 25):

Car crash. Patient is severely injured.

He needs _____.

Lucy Chen (Female, 44):

Has an _____

to see Dr. Turner at 2:15

Isabel Richards (Female, 7):

Vomiting. Skin rash.

Possibly caused by a seafood _____.

Muhammad Ben-Salim (Male, 63):

Hospitalized, Room 106.

Has a valid 2-week travel _____

with MediAid (ID: XR4099a).

10.2

Doctor's consultation
Pharmacy
의사의 진찰 / 약국

What are your symptoms?
증상이 어떻습니까?

How long have you been coughing?
기침을 얼마나 오랫동안 하셨습니까?

Where does it hurt?
어디가 아프세요?

Could you cough for me, please? Now, say "Ah."
기침을 한 번 해보시겠습니까? 자, '아' 하고 말해보세요.

I think you have a throat infection.
인후염인 듯합니다.

You have a case of the flu.
독감에 걸렸습니다.

I'll prescribe you some medicine.
제가 약을 좀 처방해 드리겠습니다.

Don't worry, it's nothing serious.

걱정 마세요, 심각하지 않습니다.

If it hasn't gotten better in a week, come back and see me again.

일주일이 지나도 나아지지 않으면, 진료 보러 다시 오세요.

Take three tablets a day.

하루에 세 알씩 드세요.

Go to the pharmacy and give them this prescription.

약국에 가서 이 처방전을 제출하세요.

It could be serious. I think you should see a specialist.

심각할 수도 있어요. 전문가에게 진찰받는 게 좋겠습니다.

I recommend you get some rest and drink lots of water.

휴식을 좀 취하시고 물을 많이 마시길 권해 드립니다.

Doctor: Have a seat. What are your symptoms?

의사 앉으세요. 증상이 어떻습니까?

Patient: I've been coughing a lot. And I have some chest pain.

환자 기침이 너무 심합니다. 그리고 가슴에 통증이 있습니다.

Doctor: How long have you been coughing?

기침을 한 지 얼마나 되었습니까?

Patient: About 3 days.

대략 3일 정도요.

Doctor: Let me listen to your breathing. Please pull up your shirt. It's going to be a little cold.

[청진기로 환자를 진찰한다] 숨 쉬는 걸 한 번 들어보겠습니다. 셔츠를 올리세요. 약간 차가울 수 있습니다.

Patient: Is it serious?

심각한가요?

Doctor: No, don't worry. It sounds like you have mild bronchitis. I'll prescribe you some anti-inflammation medicine.

아뇨, 걱정하지 마세요. 가벼운 기관지염인 것 같습니다. 제가 소염제를 좀 처방해 드리겠습니다.

>> 배운 문장들을 활용하여 아래의 환자들에게 의사가 할 만한
대답을 쓰세요.

• 정답 304p

1 "I got food poisoning." → _____ .

2 "I have heat stroke." → _____ .

3 "Do I have a fever?" → _____ .

4 "I think my arm is broken." → _____ .

10.3

Cosmetics store
화장품 가게

This is water-based.

이것은 수분 형태입니다.

This one fits your skin tone.

이 제품이 당신의 피부색에 맞습니다.

The coral shade is a best seller.

이 코랄색 쉐이드가 베스트셀러입니다.

Do you want a matte color or a glossy one?

광택이 없는 색조와 광택이 있는 색조 중 어느 것을 원하세요?

This one has extra moisture.

이 제품은 매우 촉촉합니다.

고객 **Do you have a tester?**

테스터 있습니까?

Do you have free sample?

무료 샘플 있습니까?

고객 I'm looking for some foundation.
　　　　　　　　　　　　a lip gloss 립글로스
　　　　　　　　　　　　some nail polish 손톱 매니큐어
　　　　　　　　　　　　a makeup remover 화장 지우는 제품
　　　　　　　　　　　　a face-mask 얼굴 마스크 팩
　　　저는 파운데이션을 찾고 있습니다.

Here, try some on your hand.
여기 있습니다, 손에 한 번 발라보세요.

Here's a tissue to wipe it off.
화장을 지우는 티슈입니다.

We also have it in another scent.
　　　　　　　　　　　　color 색상
　　　　　　　　　　　　size 크기
우리는 다른 향의 제품이 있습니다.

Do you want a stick / pump / tube / cushion / puff?
스틱 / 펌프 / 튜브 / 쿠션 / 퍼프 형태를 원하세요?

Our products are natural / organic. None of them have been tested on animals.
저희 제품은 천연 / 유기농 제품입니다. 동물 실험을 한 제품은 없습니다.

Staff: Hello, welcome to Watsons. Let me know if you need any help.

직원 안녕하세요, 왓슨즈에 오신 것을 환영합니다. 도움이 필요하시면 언제든 말씀하세요.

Customer: Actually, I'm looking for some lipstick.

고객 실은, 제가 립스틱을 사려 합니다.

Staff: Right over here. Please follow me. Any particular brand?

바로 이쪽에 있습니다. 저를 따라오세요. 특별히 찾으시는 브랜드 있나요?

Customer: I'm not sure. I'm looking for a pink shade.

잘 모르겠습니다. 저는 핑크 색상을 찾고 있습니다.

Staff: How about this one? It comes in glossy or matte. And it's on sale now. Try this tester.

이것은 어떤가요? 빛이 나는 것과 무광 제품이 있습니다. 그리고 지금 세일 기간입니다. 테스트용 제품을 한번 사용해 보세요.

Customer: Oh, I like it. Thank you.

오, 좋습니다. 고맙습니다.

Staff: My pleasure. Here's a tissue to wipe it off.

천만에요. 여기 화장을 지우기 위한 티슈입니다.

➤➤ 아래 광고문의 밑줄 친 부분에 알맞은 단어를 쓰세요.

· 정답 305p

(1) organic (2) best seller (3) moisture

(4) scent (5) tube (6) water-based

"Skin Dew" now on sale at all Best Life cosmetics stores.

A longtime _____ for the "Richardson" cosmetics company, "Skin Dew" is a _____ facial cream that provides your skin with all the _____ it needs.

"Skin Dew" has a clear color and pleasant _____ , and, like all our products, it's made from 100% _____ materials.

The product is available in a jar or _____, and will be on sale from June 21st. Try it now to give your skin a happy, healthy glow!

10.4

Hair and beauty salon Plastic surgery
미용실과 네일샵 / 성형수술

Hairdresser
미용사

What kind of hairstyle do you want? / How should I cut it?
어떤 헤어스타일을 원하세요? / 어떻게 커트해 드릴까요?

How short do you want your hair?
머리는 어느 정도로 짧게 해드릴까요?

Would you like your hair shampooed?
샴푸 해 드릴까요?

Do you want me to take more off the front?
앞 머리를 더 짧게 커트해 드릴까요?

How long has it been since your last haircut?
마지막으로 머리카락을 자른 지 얼마나 되셨습니까?

How do you want me to part your hair?
가르마를 어느 쪽으로 해드릴까요?

Do you want me to use wax or gel?
왁스나 젤을 발라 드릴까요?

`고객` **Can you layer my hair?**
머리에 층을 내 주시겠습니까?

`고객` **I just want it trimmed.**
다듬어 주세요.

`고객` **I'd like** <u>a cut.</u>
a wash and cut 머리 감기와 커트
a trim 다듬기
a perm 파마
<u>커트</u>해 주세요.

`고객` **I'd like to get my hair** <u>cut.</u>
colored / dyed 염색
bleached 탈색
permed 파마
curled 고데기로 말기
layered 머리에 층을 내기
나는 <u>커트</u>하고 싶습니다.

`고객` **The water is too** <u>hot.</u>
cold 차가운
물이 너무 <u>뜨겁습니다.</u>

`고객` **Can you cover my** <u>roots</u> ?
gray hair 흰머리
<u>뿌리 부분</u>만 염색할 수 있을까요?

고객 Please keep my <u>bangs</u>.
                            sideburns 구레나룻

<u>앞머리</u>는 남겨주세요.

Do you have a photo for reference?
참고할 만한 사진 있나요?

You have a lot of split ends.
머리카락 끝이 많이 상했습니다.

Beauty and Nail Salon
뷰티 네일 샵

고객 I'd like <u>a face pack treatment.</u>
                a manicure / pedicure   매니큐어 / 페디큐어
                a facial massage   얼굴 마사지

나는 <u>얼굴 팩</u>을 하고 싶습니다.

What color nail polish do you want?
매니큐어는 어떤 색을 원하세요?

What shape do you want for your nails?
손톱을 어떻게 해드릴까요?

NAIL SHAPE

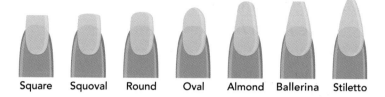

Square　Squoval　Round　Oval　Almond　Ballerina　Stiletto

I'll remove your calluses / I'll push back your cuticles.

굳은살을 제거하겠습니다. / 각질을 밀어드리겠습니다.

I've applied the base coat. Please wait 15 minutes while it dries, and then I'll apply the top coat.

손톱에 베이스 코트를 발랐습니다. 마르는 동안 15분 기다려 주세요. 이후에 탑 코트를 발라드리겠습니다.

Use this scrubbing cloth to exfoliate your skin.

박피하려면 스크럽 타올을 사용하세요.

This will help minimize your large pores.

이건 고객님의 모공을 축소하는 데 도움이 될 겁니다.

고객 **I'd like to get my legs waxed.**

다리에 제모를 하고 싶습니다.

Plastic Surgery Clinic
성형 시술 클리닉

고객 **I want** <u>**my jawline reduced.**</u>
　　　　more Asian / Western features 좀더 아시안/서구적인 외모
　　　　botox injections 보톡스 주사를 맞기
　　　　double eyelid surgery 쌍꺼풀 수술을 받기
　　　　a facelift 얼굴 주름을 펴기
　　　　a nose job 코수술 받기
　　　　LASIK surgery 라식 수술을 받기
　　　　liposuction 지방 흡입술을 받기
　　　　breast implants 가슴 확대술을 받기
나는 <u>턱선을 줄이고</u> 싶습니다.

I don't think this procedure is safe for you.
이 의료 절차가 당신에게 안전할 것 같지 않습니다.

It would require (invasive) surgery.
외과 수술이 필요합니다.

You have beautiful bone structure.
당신은 골격이 아름답습니다.

You'll have to be bedridden for 3 days.
3일 동안 침대에 누워계셔야 합니다.

Your eyes will be sensitive after the surgery. You'll need to wear this patch to protect them.
수술을 받고 난 이후 눈이 매우 예민해질 것입니다. 눈을 보호하기 위해 이 안대를 착용하셔야 합니다.

We can give you some laser treatment for your acne.

여드름 치료를 위해 레이저 치료를 해드릴 수 있습니다.

This might hurt a bit. But don't worry, it's perfectly safe.

이것은 조금 아플 수도 있어요. 하지만 걱정마세요, 완벽하게 안전한 시술입니다.

Hairdresser: **What kind of style do you want?**

미용사 어떤 스타일을 원하세요?

Customer: **It's a bit bushy now. Please trim it around the sides and back.**

손님 지금 좀 덥수룩해서요. 옆과 뒷머리 주위를 좀 다듬어주세요.

Hairdresser: **How short do you want it on top?**

길이는 얼마나 짧게 해드릴까요?

Customer: **Not too short. About two or three centimeters?**

너무 짧지 않게요. 위에서부터 2센티나 3센티 정도요.

Hairdresser: **OK. And how do you want me to part your hair?**

알겠습니다. 그리고 가르마는 어느 쪽으로 해 드릴까요?

Customer: **I usually part it from the left and then wax it afterwards.**

저는 보통 왼쪽으로 가르마를 하고 뒤로 왁스를 발라 넘깁니다.

Hairdresser: **Got it. I'll make it look good!**

알겠습니다. 멋있게 보이도록 해드릴게요!

➤➤ 다음의 어휘를 어디에서 찾을 수 있을까요? 단어를 아래 해당하는 열에 넣으세요.

• 정답 306p

❶ manicure   ❺ botox   ❾ almond shape

❷ bangs   ❻ facelift   ❿ split ends

❸ base coat   ❼ cuticles   ⓫ permed

❹ liposuction   ❽ roots   ⓬ implants

Hairdresser's 미용실	Nail Shop 네일샵	Plastic Surgery Clinic 성형 수술 클리닉

Chapter **10**

CULTURE TIP

Phone Ettiquette
통화 에티켓

✧ 휴대 전화 등 휴대용 기기들은 요즘 우리가 지켜야 할 새로운 수칙들을 만들어내고 있습니다.

✧ 만약 다른 사람과 대화를 하는 중에 전화벨이 울린다면, **Please excuse me.** (실례 좀 할게요.), **I have to take this.** (이 전화는 받아야 해요.) 또는 **Give me a second.** (잠시만요.) 라고 말하며 대화에서 잠시 벗어나는 것에 양해를 구하는 것이 일반적인 예의입니다.

✧ 마찬가지로 누군가를 **on hold**(기다리는 상태)로 두는 것에는 항상 배려하는 마음을 가져야 합니다. 일단 당신이 다시 대화로 돌아오게 되면, 반드시 **Thank you for holding.** (기다려줘서 고마워.)이라거나 **Sorry to keep you waiting.** (기다리게 해서 미안해.) 라고 해야 합니다.

✧ 또 다른 하나는 우리가 전화할 때 어떻게 시작하고 끝내는가에 있습니다. 영어로 통화할 때는 언제나 전화 통화의 시작과 끝의 신호가 있습니다. 예를 들어, 전화를 받을 때면 "**Hello?**"라고 말하거나, 만약 사업상의 통화라면 "**Hello**, [회사 이름 **Jinmyong Publishing**], [이름 **Paul**] **speaking**" 라고 합니다. 마찬가지로, 전화를 끊을 때면 **Goodbye.** (안녕히 계세요.) 혹은 다소 부드럽게 **OK, thank you for calling.** (네, 전화 주셔서 감사합니다.) 과 같은 말을 건네며 통화를 끝내겠다는 것을 드러냅니다.

✧ 전화는 상대방을 볼 수 없는 매체이고, 특히 같은 언어를 공유하지 않는 경우에는 상대방에게 자신의 의도를 분명하게 밝히는 것이 더욱 중요합니다.
다음의 문장들이 서로 간의 상황들을 이해하는 데 도움이 될 것입니다.

"I'm calling to ask about …"
"…에 대해 물어보려고 전화했습니다만…"
"Can I put you on speakerphone?"
"스피커폰으로 바꿔도 될까요?"
"Let me write that down. Please give me a second."
"받아 적겠습니다. 잠시만 기다려 주세요."

Chapter 11

Tourism Sector
관광업 부서

☐ **belongings** [bilɔ́ːŋiŋz]	소지품, 소유물
☐ **controversial** [kɑ̀ntrəvə́ːrʃəl]	논란의, 논쟁의
☐ **famous** [féiməs]	유명한
☐ **guidebook** [gáidbùk]	여행 안내서
☐ **heritage** [héritidʒ]	유산
☐ **line up** [lain ʌp]	줄을 서다
☐ **offensive** [əfénsiv]	공격적인
☐ **register** [rédʒistər]	등록하다

☐ **registration** [rèdʒistréiʃən]	등록	
☐ **sector** [séktər]	부문, 분야	
☐ **tour guide** [tuər gaid]	여행 가이드	
☐ **tour package** [tuər pǽkidʒ]	패키지 여행	
☐ **tourism** [túərizm]	관광사업, 관광 여행	
☐ **UNESCO** [juːnéskou]	United Nations Educational Scientific and Cultural Organization (유네스코)	
☐ **world heritage site** [wəːrld héritidʒ sait]	세계 문화 유산	

Chapter 11

11.1

Tour guide
여행 가이드

Please line up here.
이쪽으로 줄 서 주세요.

We'll be leaving shortly.
우리는 곧 출발합니다.

Don't forget to gather your belongings.
여러분의 소지품을 모두 챙기세요.

We'll meet back here in 30 minutes.
우리는 30분 뒤에 여기서 다시 모이겠습니다.

This is a UNESCO world heritage site.
여기는 유네스코 세계 문화 유산입니다.

This restaurant serves traditional Korean food.
이 식당에서는 한국 전통 음식을 제공합니다.

Please be back at the bus on time.
제 시간에 버스로 돌아오시기 바랍니다.

You have two hours of free time. But please stay in this area.

여러분은 두 시간 동안 자유시간이 있습니다. 하지만 이 지역에서 머무르세요.

It's called Namsan, which means "south mountain."

그것은 남산이라 불리는데, '남쪽에 있는 산'이라는 뜻입니다.

King Sejong is famous for creating the Korean alphabet.

세종대왕은 한글을 창조한 것으로 유명합니다.

This is included in your tour package fee.

이것은 패키지 요금에 포함되어 있습니다.

This isn't included in your tour package fee.

이것은 패키지 요금에 포함되어 있지 않습니다.

Guide: OK, everyone, we're going to visit Changdeok Palace. Please line up at the ticket booth.

가이드 여러분, 우리는 창덕궁으로 가 볼 예정입니다. 매표소에서 줄을 서주세요.

Traveler: Do we have to pay for the ticket?

여행객 티켓 값을 지불해야 합니까?

Guide: No, it's included in your tour package fee.

아닙니다, 그건 패키지 여행 요금에 포함돼 있습니다.

Traveler: What is this place famous for?

여기는 무엇으로 유명합니까?

Guide: It's a UNESCO world heritage site. It's famous for the Biwon Garden, which means "secret garden."

이곳은 유네스코 세계 문화 유적지입니다. '비밀 정원'이라는 의미의 비원이 유명합니다.

Traveler: That's very interesting. How long do we have here?

매우 재미있군요. 여기서 얼마나 머무릅니까?

Guide: You'll have one hour of free time. Please meet back here by 3 p.m.

여러분은 1시간의 자유 시간을 가질 것입니다. 여기로 오후 3시까지 다시 모이세요.

>> 다음의 문장은 단어 순서가 뒤죽박죽입니다. 순서를 바로잡아 원래 문장을 적으세요.

• 정답 307p

1 belongings forget to your gather don't.

→ _____ .

2 is site UNESCO this world a heritage.

→ _____ .

3 free two you hours have of time.

→ _____ .

4 time please be on at the back bus.

→ _____ .

5 Your fee isn't package in included this tour.

→ _____ .

11.2

General conversation
일상 대화

What country are you from?

어느 나라에서 오셨습니까?

How long will you be in Korea?

한국에 며칠 동안 계실 겁니까?

Where in Seoul are you staying?

서울 어디에서 머무르고 있습니까?

Have you tried _____ yet?

_____ 시도해 보셨습니까?

If you have time, I recommend visiting Busan.

시간이 있다면, 부산을 방문해 보시길 추천 드립니다.

If I were you, I would probably skip that. There are better places to go.

제가 당신이라면, 그곳은 건너 뛰어도 될 듯합니다. 더 좋은 가볼 곳이 있
으니까요.

What are you planning to do here?

여기서 뭐 하실 계획이세요?

What are you planning to see here?

여기서 무엇을 볼 계획이세요?

How do you like Korea (so far)?

(지금까지) 한국이 마음에 드십니까?

Don't go there. It's a tourist trap.

그곳은 가지 마세요. 그곳은 바가지 관광지입니다.

How about visiting _____ ? It's popular with tourists.

_____에 가보시는 것은 어떠세요? 관광객들에게 인기가 많습니다.

Here's my phone number. Let me know if you want to meet up later.

제 전화번호입니다. 나중에 만나고 싶으시면 연락주세요.

Gangnam is famous for its shopping districts.

강남은 쇼핑하는 지역으로 유명합니다.

Are you interested in K-pop?
                      hiking 하이킹
                      Korean food 한국 음식
                      traditional culture 전통 문화
                      shopping 쇼핑

당신은 케이팝에 관심 있나요?

You: **What are you planning to do during your holiday?**

휴가 동안 무엇을 하실 계획이세요?

Traveler: **I love Korean food, so I want to visit some nice restaurants.**

여행객 저는 한국 음식이 아주 좋습니다, 그래서 맛집에 가려고 합니다.

You: **Have you tried dakgalbi yet?**

닭갈비 먹어보셨어요?

Traveler: **What's that?**

그게 뭐예요?

You: **It's a spicy chicken dish. I think you would like it. It's pretty popular with tourists.**

매콤한 닭고기 요리입니다. 그거 좋아하실 것 같아요. 관광객들에게 매우 인기 있는 요리입니다.

Traveler: **Oh, thanks for the recommendation.**

아, 추천해 주셔서 고맙습니다.

You: **If you have time, I recommend visiting Chuncheon. It's famous for its dakgalbi restaurants.**

시간이 있으면, 춘천에 가보시길 추천 드려요. 그곳은 닭갈비 식당들로 유명합니다.

>> 당신은 서울에서 3일간 머물 여행자를 만났습니다. 다음의 질
문에 답하여 여행자가 여행을 즐길 수 있게 도와주세요.

• 정답 308p

1 What places do you recommend in Seoul?

→ _____ .

2 What is the Yongsan area famous for?

→ _____ .

3 What food should I try while I'm in Korea?

→ _____ .

4 I'm not sure where to stay. Do you know an area with good hotels?

→ _____ .

5 I'm only in Korea for 3 days. Do you think I have enough time to visit Chuncheon?

→ _____ .

CULTURE TIP

Icebreakers
어색함을 누그러뜨리기 위한 말(행동)

누군가를 처음 만났을 때, 서로 모르는 상태에서 대화를 시작하는 것이 때로는 어려울 수도 있습니다. 다행히도 그런 상황일 때 활용할 만한 주제나 문장을 **icebreakers**라고 합니다.

아래의 정보들이 어색함(얼음)을 깨는 데 도움이 될 것입니다.

- ✦ 공통 주제에 대해 이야기하기: 서로 어색함을 없애려면 공격적이거나 논란이 될 만한 주제를 제외한 일반적인 주제에 대해 이야기하는 것이 좋습니다. 그래서 날씨에 대해 묻는 게 대부분이죠. **How's the weather today?** (오늘 날씨 어때요?) 라거나 **Nice weather today!** (오늘 날씨 정말 좋아요!)

- ✦ 서로의 상황에 대해 이야기하기: 사람과의 관계는 서로에 대한 관심을 표현함으로써 좀 더 밀접해질 수 있습니다. **Did you have a good lunch?** (점심 맛있게 드셨어요?) 라거나 **How did you sleep last night?** (어젯밤에 잘 주무셨어요?), **How was your hotel room?** (호텔 방은 어때요?)과 같은 표현들 말이죠.

- ✦ 관심사에 대해 물어보기: 우리는 자신의 관심을 내보이기 위해 상대방의 관심사를 물어보는 경우도 있습니다. 하지만 전형적인 **What's your hobby?** (취미가 뭐예요?)보다는 좀 더 자연스럽게 **What are your interests?** (뭘 좋아하세요?)나 **What do you like to do for fun?** (재미로 뭘 하세요?) 가 있습니다.

- ✦ 여행에 대해 물어보기: 마지막으로, 당신이 만나는 외국인은 한국을 여행 중인 사람들이 대부분이기에 여행에 대해 물어보는 것도 한 방법입니다. **Are you enjoying your trip?** (여행은 즐거워요?), **How's your trip going?** (여행은 어때요?)

Chapter 12

Index

Sample signs

○ 다음과 같은 안내문이 필요한 업소에서는 누구나 인쇄(복사)해서 사용할 수 있습니다.

If you need a free interpreter, you can call the 1330 Korea Travel Hotline (for cellphone users: 02-1330), operated by the Korea Tourism Organization. You can also call this number for any inquiries or complaints related to Korean tourism, either before or during your stay in Korea.

무료 통역사가 필요하신 분은 한국관광공사가 운영하는 '1330 한국 여행 핫라인' 전화번호(휴대전화 이용자: 02-1330)로 이용하실 수 있습니다. 한국에 체류 전이나 체류 중에 한국 관광 여행과 관련된 문의나 불만 사항이 있으면 이 번호로 전화하십시오.

Due to our limited English proficiency, we may not be able to convey all the information in a proper manner, but we will do our best to give you a memorable and pleasant experience.

우리의 영어가 능숙하지 못하여 모든 정보를 제대로 전달하지 못할 수도 있겠지만, 여러분이 오래 기억에 남는 즐거운 경험을 할 수 있도록 최선을 다하겠습니다.

Smoking in this location is strictly prohibited according to the Korean law and is punishable with fines of up to 100,000 won.

이곳에서 흡연은 한국 법에 따라 엄격히 금지되며, 최대 100,000원의 벌금이 부과될 수 있습니다.

Please put all waste in the wastebasket. Do not put anything except toilet paper in the toilet as it may clog the pipes.

모든 쓰레기는 휴지통에 넣어주세요. 변기 안에는 휴지를 제외한 어떤 것도 관이 막힐 수도 있으므로 넣지 마시길 바랍니다.

This room is for authorized personnel only.

이 방은 관계자만 출입 가능합니다.

No entry allowed.

출입[진입] 금지.

Customer parking only. All other vehicles will be towed.

고객 전용 주차장입니다. 외부 차량은 견인될 수 있습니다.

Please look after your personal belogings. We are not responsible for any missing or lost items.

개인 소지품을 잘 보관하시길 바랍니다. 저희는 분실물이나 도난품에 대해서는 책임을 지지 않습니다.

Tax-free shopping is available at this store. Please ask our staff for more information.

이 가게에서는 면세 쇼핑이 가능합니다. 더 자세한 정보를 원하시면 직원에게 문의해 주십시오.

Our restaurant has been designated as an official "good restaurant" by the Ministry of Food and Drug Safety. This honor is given to restaurants that have a high standard of cleanliness and food hygiene.

저희 식당은 식약처로부터 '착한 식당'으로 정식 지정되었습니다. 이것은 청결도와 식품위생 수준이 높은 식당에 주어집니다.

menu
식단

김치 찌개	**kimchi jjigae**	spicy kimchi stew
고추장	**gochu-jang**	hot pepper paste
갈비탕	**galbi-tang**	beef-rib soup
만두	**mandu**	dumpling
비빔 냉면	**bibim naengmyeon**	spicy ice noodles
물 냉면	**mul naengmyeon**	ice noodle broth
떡볶이	**tteokbokki**	spicy rice cakes
해물	**haemul**	seafood
전	**jeon**	pancake
보쌈	**bossam**	boiled pork and lettuce wraps
매운탕	**maeun-tang**	spicy fish soup
돼지고기 / 소고기	**doejigogi / sogogi**	pork / beef
생선	**saengseon**	fish
회덥밥	**hoedeopbab**	rice bowl with raw fish
곱창	**gopchang**	beef tripe(intestines)
삼계탕	**samgye-tang**	ginseng chicken broth
돌솥 비빔밥	**dolsot bibimbap**	mixed rice and vegetables
순대국	**soondaeguk**	pig's intestine soup
치맥	**chimaek**	fried chicken and beer

List of common diseases
흔한 질병 목록

broken bone [bróukən boun] **bone fracture** [boun frǽktʃər]	부러진 뼈 뼈 골절
cancer of the pancreas [pǽnkriəs]	췌장암
cerebral hemorrhage [sərí:brəl héməridʒ]	뇌출혈
cerebral infarction [sərí:brəl infɑ́:rkʃən]	뇌경색
constipation [kὰnstəpéiʃən]	변비
diabetes [dàiəbí:tiz]	당뇨병
diarrhea [dàiərí:ə]	설사
epilepsy [épəlèpsi]	간질
fever [fí:vər]	열, 열병
flu[flu:] **/ cold**[kould]	독감, 인플루엔자 / 감기
food poisoning [fu:d pɔ́izəniŋ]	식중독
gallstone [gɔ́:lstòun]	담석
gout [gaut]	통풍
headache [hédèik] **migraine** [máigrein]	두통 편두통
heart attack [hɑ:rt ətǽk]	심장 마비
heartburn [hɑ́:rtbə̀:rn]	가슴앓이, 가슴 쓰림
heatstroke [hí:t stròuk] **dehydration** [dì:haidréiʃən]	열사병 탈수증

hemorrhoids [hémərɔ̀idz]	치질
herniated disc [hə́ːrnièitid disk]	추간판 헤르니아(디스크)
slipped disk [slipt disk]	추간판 탈출증(디스크)
high cholesterol [hai kəléstərɔ̀ːl]	고 콜레스테롤
infection [infékʃən]	감염
inflammation [ìnfləméiʃən]	염증
mucus [mjúːkəs]	점액, 진, 콧물
osteoporosis [àstiəpəróusis]	골다공증
pneumonia [njumóunjə]	폐렴
polio [póuliòu]	소아마비
runny nose [rʌ́ni nouz]	콧물이 나는 코
sore throat [sɔːr θrout]	인후염, 인후통
sprained muscle [spreind mʌ́sl]	근육 염좌
STD (sexually transmitted disease) [sékʃuəli trænsmítid dizíːz]	성병, 성행위 감염증
stroke [strouk]	뇌졸중
virus [váiərəs]	바이러스, 병균

영국 영어 VS. 미국 영어

뜻	영국식 영어	미국식 영어
바지	**trousers** [tráuzərz]	**pants** [pænts]
운동화	**trainers** [tréinər]	**sneakers** [sníːkərz]
축구	**football** [futbɔːl]	**soccer** [sákər]
횡단보도	**zebra crossing** [zébrə krósiŋ] **/pedestrian crossing** [pədéstriən krósiŋ]	**crosswalk** [kráswàk]
대형 트럭	**lorry** [lóri]	**truck** [trʌk]
아파트	**flat** [flæt]	**apartment** [əpáːrtmənt]
부드러운 빵 또는 과자류	**biscuit** [bískit]	**cookie** [kúki]
단것들 (사탕류)	**sweets** [swiːtz]	**candy** [kǽndi]
전채요리 (식전 음식)	**starter** [stáːrtər]	**appetizer** [ǽpitàizər]
계산서, 청구서	**bill** [bil]	**check** [ʧek]
일회용 반창고	**plaster** [pláːstər]	**band-aid** [bǽndèid]
영화	**the cinema** [sínəmə]	**the movies** [múːvis]
쓰레기통	**dustbin** [dʌstbìn]	**trash can** [trǽʃ kǽn]
1층	**ground floor** [graund flɔːr]	**first floor** [fəːrst flɔːr]
방학 (휴가)	**holiday** [hálədèi]	**vacation** [veikéiʃən]
승강기	**lift** [lift]	**elevator** [éləvèitər]
고속도로	**motorway** [móutərwei]	**highway** [háiwèi]
왕복표	**return ticket** [ritə́ːrn tíkit]	**round-trip ticket** [raundtrip tíkit]

뜻	영국식 영어	미국식 영어
쓰레기	rubbish [rʌbiʃ]	garbage [gáːrbidʒ], trash [træʃ]
(잔·용기 등을)채우다 충전하다	top up [tɔp ʌp]	top off [tap ɔːf, af]
분실물 보관소	Lost Property (Office) [lɔst prɔ́pərti] [ɔ́fis]	Lost and Found [lɔːst ənd faund]
(고속도로 등의) 휴게소	service area [sɔ́ːrvis éəriə]	rest area/stop [rest éəriə]/ [stap]
인도	pavement [péivmənt]	sidewalk [sáidwɔːk]
로터리	roundabout [ráundəbaut]	traffic circle [trǽfik sɔ́ːrkl], rotary [róutəri]
지하철	underground [ʌ́ndərgraund]	subway [sʌbwèi]
지퍼	zip [zip]	zipper [zípər]
손전등	torch [tɔːrʧ]	flashlight [flǽʃlàit]
스웨터	jumper [dʒʌmpər]	sweater [swétər], pullover [púlòuvər]
감자튀김	chips [ʧips]	french fries [frenʧ fraiz]
휘발유	petrol [pétrəl]	gas [gæs], gasoline [gǽsəlìːn]
주유소	petrol station [pétrəl stéiʃən]	gas station [gæs stéiʃən]
자동차 번호판	number plate [nʌmbər pleit]	license plate [láisəns pleit]
철도	railway [réilwei]	railroad [réilroud]
쇼핑 카트 (음료·식사 운반용)	shopping trolley [ʃɔ́piŋ trɔ́li]	shopping cart [ʃɑ́piŋ kaːrt]
포장 판매 음식	takeaway [téikəwéi]	takeout [téikàut]
줄을 서서 기다리다	queue [kjuː]	line up [láin ʌp]

Exercise
Answers
해답

· 본문 55p

A. May I see your ticket, please?
    티켓을 보여주시겠어요?

B. This seat is reserved for pregnant women.
    이 자리는 임신부를 위한 좌석입니다.

C. You need to recharge / top off(up) your travel card.
    당신은 여행 카드를 충전해야 합니다.

D. You can use your card at those turnstiles.
    회전식 개찰구에서 당신의 카드를 사용할 수 있습니다.

E. This is the last stop.
    이곳은 종착역입니다.
    You have to get off here.
    여기서 내리셔야 합니다.

1. Excuse me. Please let me on the bus.

   실례지만 버스에 탈 수 있게 해주세요.

   → (A) Sorry, this bus is full. Please take the next one.

       죄송합니다. 만원입니다. 다음 버스를 이용해 주세요.

2. How much is the ticket?

   티켓은 얼마입니까?

   → (D) It's one thousand, five hundred won.

       1,500원입니다.

3. Could you let me know when we get to Yeoksam Station?

   역삼역에 도착하면 저에게 알려주시겠습니까?

   → (B) OK, I'll announce it over the loudspeaker.

       알겠습니다, 스피커로 알려 드리겠습니다.

4. Does this bus go to Wolmido?

   이 버스는 월미도에 갑니까?

   → (C) No, you need to go in the other direction.

       아뇨, 반대 방향으로 가셔야 합니다.

1. Where to?

   어디로 가세요?

   → Go to Incheon Airport, please.

   인천 공항으로 가주세요.

2. I need the address for the GPS.

   내비게이션에 입력할 주소가 필요해요.

   → Oh, OK. The address is "Daehak-ro 1-gil."

   아, 그래요. 주소는 '대학로 1길'입니다.

3. Where should I stop?

   어디에 세워드릴까요?

   → Please pull over by the subway station.

   지하철 역에 대주세요.

4. Please fasten your seatbelt.

   안전벨트를 매세요.

   → I can't. My seatbelt doesn't work.

   안 되네요. 제 안전벨트가 고장났습니다.

5. The total fare is 17,400 won.

   총 요금은 17,400원입니다.

   → Here you go. Keep the change.

   여기 있습니다. 잔돈은 가지세요.

1. **Where can I park?**

   어디에 주차할 수 있을까요?

   → **There's an empty parking space there.**

   저기 비어 있는 주차 공간이 있습니다.

2. **How much should I pay?**

   주차 요금이 얼마죠?

   → **One hour is seven thousand won.**

   한 시간에 7,000원입니다.

3. **There are no empty spaces here.**

   여기는 비어 있는 공간이 없습니다.

   → **There are empty spaces on the B2 floor.**

   지하 2층에 비어 있는 곳이 있습니다.

4. **Can I park here?**

   여기에 주차해도 될까요?

   → **You can't park in this space. This is for disabled drivers.**

   이 곳에는 주차하실 수 없습니다. 이곳은 장애인 운전자를 위한 곳입니다.

5. **Can I get in this spot?**

   제가 이 자리에 들어갈 수 있을까요?

   → **No, it's too small for your car.**

   아니요, 당신 차가 들어가기에는 너무 좁습니다.

• 본문 85p

Waiter:	Hello, what can I get you? 무엇을 갖다 드릴까요?
Customer: 고객	I'm not sure. What do you recommend? 잘 모르겠어요. 무엇을 추천해 주시겠어요?
Waiter:	The galbi-tang is pretty popular. It's a beef-rib soup. 갈비탕이 꽤 인기가 많습니다. 소갈비로 만든 수프입니다.
Customer:	Hmm, is it spicy? 음, 맵습니까?
Waiter:	No, it's not spicy at all. 아뇨, 전혀 맵지 않습니다.
Customer:	OK, I'll have that one. Thanks. 네, 그것으로 주세요. 감사합니다.

1. This food is cold.

    이 음식은 식었어요.

    → I'm so sorry, let me take it back to the kitchen.

    정말 죄송합니다. 주방으로 다시 가져 가겠습니다.

2. Where should I pay?

    결제는 어디서 합니까?

    → Please pay at the counter.

    카운터에서 해 주세요.

3. Can I get some more side dishes?

    반찬 좀 더 주시겠어요?

    → Go ahead. Side dishes are self service.

    물론입니다. 반찬은 셀프서비스입니다.

4. Can I pay with this card?

    이 카드로 결제해도 될까요?

    → Sorry, we don't accept credit cards. Please pay in cash.

    죄송합니다, 저희는 신용카드를 받지 않습니다. 현금으로 결제 부탁 드립니다..

5. How much should I pay?

    얼마를 지불해야 합니까?

    → Do you want to pay separately or altogether? It's
    14,000won altogether and 7,000won per person.

    따로 계산하시겠어요, 아니면 같이 하시겠어요? 모두 14,000원이고 각자는
    7,000원씩입니다.

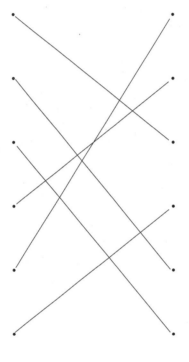

• 본문 95p

1. whipped
   뿌려진

2. cake
   케이크

3. homemade
   홈메이드

4. tray
   쟁반

5. mild
   순한

6. take-out cup
   일회용 컵

strong
강한

counter
카운터

cream
크림

mug
머그컵

slice
조각

pizza
피자

• 본문 105p

(1) How can I help you?
제가 도와드릴까요?

(2) I'm looking for a new top. Something light, with short sleeves.
저는 새로 나온 윗옷을 찾고 있습니다. 짧은 소매에 가벼운 것으로요.

(3) Follow me, please. This shirt is very popular these days.
저를 따라오세요. 이 셔츠는 최근 인기가 매우 좋습니다.

(4) Oh, the design is pretty. But I don't know if it will fit me.
오, 디자인은 예쁜데, 제게 맞을지 잘 모르겠습니다.

(5) Why don't you try it on? The changing rooms are over here.
입어보시는 게 어떠세요? 탈의실은 이쪽에 있습니다.

(6) It fits pretty well. But do you have it in a different color?
아주 잘 맞습니다만 다른 색상도 있습니까?

(7) Let me check in the back. Please wait.
뒤쪽에 가서 확인해보겠습니다. 기다려주세요.

· 본문 111p

1.

These are the same earrings that Song Hye-gyo wore in her drama.

이것은 송혜교가 드라마에서 한 것과 같은 종류의 귀걸이입니다.

2.

Personally, I like this perfume. And it's on sale, but only until this week.

개인적으로 저는 이 향수를 좋아합니다. 그리고 이것은 이번주까지 세일하고 있습니다.

3.

This phone is very popular these days.

이 휴대폰은 요즘 인기가 아주 좋습니다.

4.

You can always exchange it if doesn't fit you.

고객님께 맞지 않으시면 언제든 교환 가능합니다.

5.

This model comes with a 3-year warranty. You can get it repaired free of charge.

이 모델은 보증 기간이 3년입니다.
보증기간 동안 무상으로 수리받으실 수 있습니다.

• 본문 117p

1. The shirt I bought was too small. Can I exchange it?

   제가 구입한 셔츠가 너무 작습니다. 교환이 가능할까요?

   → Sure, you can exchange it if you still have the receipt.

   물론입니다, 영수증을 가지고 계시면 교환 가능합니다.

2. I don't want to exchange it. Can't I get my money back?

   교환하고 싶지 않습니다. 환불 받을 수는 없을까요?

   → I'm sorry, we can't give you your money back.

   죄송합니다, 환불은 해드릴 수 없습니다.

3. I want to exchange these shoes, but I lost my receipt.

   이 신발을 교환하고 싶습니다만 영수증을 분실했습니다.

   → Unfortunately, you can't exchange it without the receipt.

   죄송하지만, 영수증이 없으면 교환하실 수 없습니다.

4. Can you give me a tax refund for this purchase?

   이 물품 구매에 대해 세금 환급을 해 줄 수 있을까요?

   → Yes, this purchase is eligible for a tax refund. Please fill out this form.

   네, 이 물품 구입은 세금 환급이 가능합니다. 이 서식을 채워주세요.

5. Can I get a plastic bag, please?

   비닐백 한 개 주시겠습니까?

   → Bags are two hundred won each. Is that OK?

   포장백은 개당 200원입니다. 괜찮으신가요?

1.
   This product is <u>on sale</u>.
   이 제품은 세일 중입니다.

2.
   This product is <u>half price</u> (50 percent off).
   이 제품은 반값(50 퍼센트) 할인 중입니다.

3.
   This product is <u>buy one, get one free</u>.
   이 제품은 하나를 사면 하나는 무료로 드립니다.

4.
   This product is <u>20 percent off</u>.
   이 제품은 20 퍼센트를 할인해 드립니다.

5.
   This product is <u>on sale for 10 thousand won</u>.
   이 제품은 10,000원으로 할인 중입니다.

• 본문 127p

1. My address is "Shilla Apartments, 201-dong."

   제 주소는 '신라아파트 201동'입니다.

2. I'm at the main entrance. Please let me in.

   저는 정문에 와 있습니다. 들어가게 해주세요.

3. For pick-up or delivery?

   찾아 가실 겁니까, 아니면 배달이세요?

4. I can't find your home.

   고객님 집을 찾을 수 없습니다.

---

(3) I'll pick it up in person.

   제가 직접 가지러 가겠습니다.

(4) The apartment is near the crosswalk. There's a mart on the first floor.

   아파트는 건널목 근처에 있습니다. 1층에 마트가 있습니다.

(1) Alright, we'll be there in 20 minutes.

   알겠습니다. 20분 후에 도착합니다.

(2) OK, let me buzz you in.

   네, 들어올 수 있게 하겠습니다.

• 본문 135p

1. 고객님의 여권을 스캔해야 합니다.

   → I need to scan your passport.

2. 흡연실 또는 금연실 중 어느 곳으로 하시겠습니까?

   → Would you like a smoking or non-smoking room?

3. 호텔부킹닷컴 홈페이지를 통해 예약했습니다.

   → I made a reservation through hotelbooking.com

4. 오후 2시 이후에 체크인 가능합니다.

   → You can check in after 2 p.m.

5. 왼쪽에 있는 엘리베이터를 이용하세요.

   → Please take the elevator on your left.

• 본문 139p

Problem	Solution
1. Our room is dirty. 방이 더럽습니다.	I'll send up a cleaner right away. 청소부를 바로 보내드리겠습니다.
2. I'd like to check in early. 일찍 체크인하고 싶습니다.	Sure. You can check-in now, but your room won't be ready until 1 p.m. 네. 지금 체크인은 가능하지만 룸은 오후 1시 전까지 준비되지 않습니다.
3. We reserved a non-smoking room. 우리는 비흡연실을 예약했습니다.	Oh, I'm sorry about that. We'll move you to another room. 아, 죄송합니다. 다른 룸으로 옮겨 드리겠습니다.
4. We're going to be checking in late. 우리는 늦게 체크인 할 예정입니다.	No problem. The reception is open all night. 문제 없습니다. 프런트는 밤새 운영합니다.
5. The room is too hot! 방이 너무 덥습니다!	I'll send someone up to check the air conditioner. 에어컨을 체크하러 직원을 보내겠습니다.

• 본문 145p

1.

   massage

   마사지

2.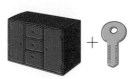

   locker and locker key

   사물함과 사물함 키

3.

   vending machine

   자판기

4.

   towel and body scrub cloth / wash cloth

   수건과 때밀이 수건 / 세신용 수건

5.

   toothbrush and razor

   칫솔과 면도기

• 본문 151p

(E) Take a look around. We've recently renovated the kitchen.

구석구석 둘러보세요. 저희는 최근에 부엌을 개조했습니다.

(C) I like it. How much did you say the rent was?

좋습니다. 집세가 얼마라고 하셨지요?

(G) It's 500,000won per month. Utilities are an extra 50,000won.

월세는 500,000원입니다. 관리비가 50,000원이 추가됩니다.

(A) Does that include internet access?

인터넷 사용료가 포함되었습니까?

(D) You have to pay for that yourself. But gas and water is paid for.

고객님께서 직접 납부하셔야 합니다. 그러나 가스료와 수도료는 포함되어 있습니다.

(F) I'm interested, but I'd like to see some rooms that are a little bigger.

마음에 듭니다만, 저는 좀 더 큰 방을 보고 싶습니다.

(B) No problem, I'll show you some similar apartments in the neighborhood.

그러지요, 제가 근처에 있는 비슷한 아파트 몇 개를 보여드리겠습니다.

(E) → (C) → (G) → (A) → (D) → (F) → (B)

· 본문 159p

1. The movie is playing at 16:20 and 19:10.

   영화는 오후 4시 20분과 7시 10분에 상영합니다.

2. The movie has English subtitles.

   영화는 영어 자막이 제공됩니다.

3. The movie has been dubbed into Korean.

   영화는 한국어로 더빙되었습니다.

4. Please choose your seats from the screen.

   스크린에서 좌석을 선택해 주세요.

5. The run time is 90 minutes.

   상영 시간은 90분입니다.

• 본문 165p

1. ldwaonod → <u>download</u>
    Please don't download any files on this computer.
    이 컴퓨터에는 어떤 파일도 다운로드하지 마십시오.

2. lingo → <u>log in</u>
    You need an ID and password to log in to this site.
    이 사이트에 로그인 하려면 아이디와 비밀번호가 필요합니다.

3. gglgain → <u>lagging</u>
    This video is lagging. Is there a problem with the Internet?
    이 비디오는 버벅거립니다. 인터넷에 문제가 있나요?

4. pnitrer → <u>printer</u>
    It costs 700 won to use the printer.
    프린터를 이용하시는 비용은 700원입니다.

5. pablmetico → <u>compatible</u>
    This recharger isn't compatible with Mac computers.
    이 충전기는 맥 컴퓨터와 호환이 되지 않습니다.

• 본문 171p

1.

This ride has a height restriction.
You must be 102cm to ride this ride.
이 놀이기구는 키 제한이 있습니다.
이 놀이기구를 타려면 102cm는 되어야 합니다.

2.

If you feel sick, you should go to the first aid center.
만약 아프면 응급 처치 센터로 가야 합니다.

3.

Don't knock on the glass.
유리를 두드리지 마세요.

4.

Please don't feed the animals.
동물에게 먹이를 주지 마세요.

5.

You have to leave your bag in the lockers.
가방은 라커 안에 넣어 두셔야 합니다.

• 본문 179p

Passenger: Could you help me? What gate should I go to?

도와주시겠어요? 어느 게이트로 가야 합니까?

Staff: What flight are you on?

어느 항공편 입니까?

Passenger: I'm on KA102 flying to Los Angeles.

로스앤젤레스로 가는 KA102편에 탑승할 예정입니다.

Staff: Then you have to go to Gate 32. It's in Terminal 2. It takes about 15 minutes to transfer there with the shuttle train. When is your boarding time?

그럼 32번 게이트로 가세요. 터미널 2에 있습니다. 그곳까지 셔틀트레인으로 갈아타는 데 15분 소요됩니다. 탑승 시각은 몇 시입니까?

Passenger: My plane departs in one hour.

제 비행기는 1시간 뒤에 출발합니다.

Staff: Then you have enough time. By the way, is this your bag? Please don't leave any unattended luggage.

그럼 시간은 충분합니다. 그런데 이것은 당신의 가방입니까? 수하물을 방치해 두지 마세요.

Passenger: Oh, sorry. I'll take it with me.

아, 죄송합니다. 제가 가져갈 것입니다.

• 본문 185p

1.  Smoking is not allowed on this flight.
/ Smoking is strictly prohibited on this flight.
비행기에서는 흡연은 허용되지 않습니다.
/ 흡연은 비행기에서는 엄격히 금지됩니다.

2.  Please fasten your seat belt until the seatbelt
sign has been switched off.
안전벨트 사인이 꺼질 때까지 안전벨트를 착용하시기 바랍
니다.

3.  Please stow your luggage in the overhead
compartment.
짐은 좌석 위 선반에 보관해주십시오.

4.  Please return your seat to the upright
position.
좌석을 원래대로 바로 세워주십시오.

• 본문 189p

1. **Do you need an immigration form?**

   입국 신고서가 필요하세요?

   (A) Yes, please. Could I borrow a pen too? (O)

   　　네, 필요해요. 펜도 빌려주시겠어요?

   (B) No, thanks. I have nothing to declare.

   　　괜찮아요. 저는 신고할 것이 아무것도 없어요.

2. **The bathroom is currently occupied.**

   화장실은 지금 사용 중입니다

   (A) That's OK, you go first.

   　　괜찮습니다. 당신이 먼저 사용하세요.

   (B) OK, I'll wait. (O)

   　　알겠습니다. 기다릴게요.

3. **My screen doesn't work.**

   제 화면이 나오지 않습니다.

   (A) We'll re-seat you to the front.

   　　자리를 앞쪽으로 바꿔드리겠습니다.

   (B) We'll try to reset it. (O)

   　　다시 켜드리겠습니다.

4. **Could you remove my trash, please?**

   쓰레기를 치워주시겠습니까?

   (A) OK, we'll have a shuttle cart waiting for you.

   　　네, 셔틀 카트를 준비해 놓겠습니다.

   (B) Please wait. The cart is coming soon. (O)

   　　기다려주세요. 카트가 곧 올 겁니다.

• 본문 193p

1. 유효 기간을 연장하는 것
    renew
    갱신하다

2. 지원서를 승인하는 것
    approve an application
    지원서를 승인하다

3. 사용 기간이 남아있지 않을 때
    expired
    만료된

4. 당신을 고용한 사람
    employer
    고용주

5. 무언가의 기간을 늘리는 것
    extend
    연장하다

• 본문 203p

1. savings account   예금 계좌

2. transaction   거래

3. deducted   공제된

4. one-year time deposit   1년 약정 예금 계좌

5. expired   만료된

6. The payment will be processed.   지불은 처리될 겁니다

7. It will take two business days.   처리하는 데 2일이 걸릴 것입니다

• 본문 207p

Customer: Hello?

여보세요?

You: Thank you for calling. How may I help you?

전화 주셔서 감사합니다. 무엇을 도와드릴까요?

Customer: Hi, my name is Clint. I'd like to talk to Sarah Greenfeld.

안녕하세요, 제 이름은 클린트입니다. 사라 그린펠드와 통화하고 싶습니다.

You: Sorry, Ms. Greenfeld can't come to the phone right now.

죄송하지만 그린펠드 씨는 지금 통화하실 수 없습니다.

Customer: Oh, she's not available? Then maybe you can help me. I'd like to know what time your store opens and closes this weekend.

오, 그녀가 전화를 받을 수 없나요? 그럼 당신이 저를 도와줄 수 있겠군요. 이번 주말 당신 가게 개점시간과 폐점시간을 알고 싶어요.

You: We open at 10 a.m. and close at 9 p.m. on weekends.

저희는 주말에는 오전 10시에 열고 오후 9시에 닫습니다.

Customer: Thank you. Can I call you back later at this number? Please let me know your name and position.

감사합니다. 나중에 이 번호로 다시 전화해도 될까요? 당신의 이름과 직책을 알려주세요.

You: My name is Eunjin Park and I'm a sales assistant.

제 이름은 박은진이고 판매 담당자입니다.

Customer: OK, goodbye.

네, 안녕히 계세요.

You: Thank you for calling. Have a pleasant day.

전화 주셔서 감사합니다. 즐거운 하루 보내시길 바랍니다.

• 본문 211p

1. You need to turn on the roaming features.
   → You need to turn on the roaming feature.
   로밍 모드로 바꾸셔야 합니다.

2. What name is the phone registration under?
   → What name is the phone registered under?
   휴대폰은 누구 명의로 하시겠어요?

3. You can top on your sim card at most convenience stores.
   → You can top up your sim card at most convenience stores.
   대부분의 편의점에서 심카드를 충전하실 수 있습니다.

4. Do you like a monthly plan or a free-paid sim card?
   → Do you want a monthly plan or a pre-paid sim card?
   월 단위 약정을 원하세요, 아니면 선불식 심카드를 원하세요?

5. What do I sign up for a member bonus?
   → How do I sign up for a membership bonus?
   멤버십 보너스는 어떻게 신청하죠?

• 본문 221p

1.   You are <u>under</u> arrest.

    (in / under)

    당신을 체포합니다.

2.   You <u>were speeding</u> .

    (were speeding / did speeding)

    당신은 과속을 했습니다.

3.   Please step out of the car.

    Your <u>alcohol level</u> is too high.

    (alcohol level / blood pressure)

    차 밖으로 나와주십시오.

    당신의 알코올 수치가 매우 높습니다.

4.   That's <u>against the law</u> in Korea.

    (breaking the rules / against the law)

    그것은 한국에서는 위법입니다.

5.   I'm going to <u>file a report</u>.

    (report a file / file a report)

    저는 조서를 작성할 것입니다.

• 본문 225p

1. 당신은 출입 제한 구역에 들어가는 사람을 보았습니다.

   → You're trespassing. / You aren't allowed to be here.
   당신은 무단 침입을 하고 있군요. / 당신은 여기 있으면 안 됩니다.

2. 어떤 사람이 아파트에 들어가고 있습니다. 무언가를 혹은 누군가를 찾는 듯합니다.

   → Are you looking for something / someone?
   무엇을 / 누구를 찾으세요?

3. 어떤 사람이 친구와 만나기로 한 약속이 있다고 주장합니다.

   → Who are you visiting? / What room do they live in?
   누구를 찾아오셨죠? / 그들이 몇 호에 살죠?

4. 어떤 사람이 친구 집을 찾아가려 합니다. 하지만 친구가 사는 집의 호수를 기억하지 못합니다.

   → Do you have their contact number?
   그들의 연락처가 있나요?

· 본문 233p

LIST OF PATIENTS
AT MYUNGJI CENTRAL HOSPITAL

Nov. 05

Calvin Todd (Male, 25):
Car crash. Patient is severely injured.
He needs urgent care / surgery.

Lucy Chen (Female, 44):
Has an appointment
to see Dr. Turner at 2:15

Isabel Richards (Female, 7):
Vomiting. Skin rash.
Possibly caused by a seafood allergy.

Muhammad Ben-Salim (Male, 63):
Hospitalized, Room 106.
Has a valid 2-week travel insurance
with MediAid (ID: XR4099a).

• 본문 233p

명지중앙병원
환자 목록

11월 5일

캘빈 토드(남, 25세) :

자동차 충돌. 환자는 심각한 부상 상태.

응급조치와 수술 要.

루시 첸(여, 44세) :

진료 약속

닥터 터너와 2시 15분 진료

이사벨 리처즈(여, 7세):

구토. 피부 발진.

해산물 알레르기에 의한 가능성 있음.

무하마드 벤-살림(남, 63세) :

입원함, 106호실.

'MediAid'(보험회사)의 2주 여행자 보험증서 소지함.

(신분증 번호 : XR4099a)

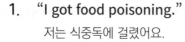

• 본문 237p

1. "I got food poisoning."
저는 식중독에 걸렸어요.

→ I'll prescribe you some medicine. If it hasn't gotten better in a week, come back and see me again.
약을 좀 처방해 드릴게요. 만약 1주일이 지나도 낫지 않으면 다시 진찰받으러 오세요.

2. "I have heat stroke."
저는 열사병에 걸렸어요.

→ Don't worry, it's nothing serious. I recommend you get some rest and drink lots of water.
걱정 마세요, 심각한 건 아닙니다. 휴식을 좀 취하고 물을 많이 마시세요.

3. "Do I have a fever?"
제가 열이 있나요?

→ Yes, your temperature is a bit high. You may have a case of the flu.
네, 체온이 높습니다. 아마 독감에 걸린 듯합니다.

4. "I think my arm is broken." →
제 팔이 부러진 거 같아요.

It could be serious. I think you should see a specialist.
심각할 수 있어요. 전문가에게 진찰받으셔야 합니다.

"Skin Dew" now on sale at all Best Life cosmetics stores.

'스킨 듀'는 현재 모든 베스트 라이프 화장품
매장에서 판매되고 있습니다.

A longtime (2) best seller for the "Richardson" cosmetics
company, "Skin Dew" is a (6) water-based facial cream
that provides your skin with all the (3) moisture it needs.
'리처드슨' 화장품 회사의 오랜 베스트셀러 '스킨 듀'는 피부에 필요한
모든 수분 을 공급하는 수분 전용 얼굴 크림입니다.

"Skin Dew" has a clear color and pleasant (4) scent ,
and, like all our products, it's made from 100% (1) organic
materials.
'스킨 듀'는 색깔이 선명하고 기분좋은 향 으로, 저희 모든 제품과 마찬가
지로 100% 유기농 재료로 만듭니다.

The product is available in a jar or (5) tube , and will
be on sale from June 21st. Try it now to give your skin a
happy, healthy glow!
이 제품은 유리 용기나 튜브형 으로 구입할 수 있으며, 6월 21일부터 판
매됩니다. 피부에 행복하고 건강한 빛을 주려면 지금 써 보세요!

• 본문 249p

Hairdresser's 미용실	Nail Shop 네일샵	Plastic Surgery Clinic 성형 수술 클리닉
❷ bangs 앞머리	❶ manicure 매니큐어	❹ liposuction 지방 흡입술
❽ roots 뿌리	❸ base coat 베이스 코트	❺ botox 보톡스
❿ split ends 모발 끝이 갈라짐	❼ cuticles 큐티클	❻ facelift 주름 제거술
⓫ permed 파마	❾ almond shape 아몬드 모양	⓬ implants 임플란트

• 본문 257p

1. belongings forget to your gather don't.
   → Don't forget to gather your belongings.
   당신의 소지품을 챙기는 것을 잊지 마세요.

2. is site UNESCO this world a heritage.
   → This is a UNESCO world heritage site.
   이곳은 유네스코에 지정된 세계 문화 유산입니다.

3. free two you hours have of time.
   → You have two hours of free time.
   당신은 2시간의 자유 시간이 있습니다.

4. time please be on at the back bus.
   → Please be back at the bus on time.
   정시에 버스로 돌아와주세요.

5. Your fee isn't package in included this tour.
   → This tour isn't included in your package fee.
   이 투어는 패키지 요금에 포함되어 있지 않습니다.

· 본문 261p

1. What places do you recommend in Seoul?

   서울 어느 곳을 추천해 주실 건가요?

   → If you like shopping, I recommend going to COEX mall.

   쇼핑을 좋아하신다면, 코엑스 몰을 가보시는 걸 추천합니다.

2. What is the Yongsan area famous for?

   용산 지역은 어떤 것으로 유명합니까?

   → That area is famous for the War Museum.

   그 지역은 전쟁 박물관이 유명합니다.

3. What food should I try while I'm in Korea?

   제가 한국에 있는 동안 어떤 음식을 꼭 먹어봐야 할까요?

   → I recommend samgyetang. It's a kind of chicken broth.

   삼계탕을 추천합니다. 닭고기 수프랑 비슷해요.

4. I'm not sure where to stay. Do you know an area with good hotels?

   어디에 머물러야 할지 잘 모르겠어요. 좋은 호텔이 있는 지역을 알고 계세요?

   → There are a lot of nice hotels in Myongdong. It's centrally located too.

   명동에 좋은 호텔이 많이 있습니다. 그곳은 또한 중심지에 위치해 있답니다.

5. I'm only in Korea for 3 days. Do you think I have enough time to visit Chuncheon?

   저는 한국에 3일간만 머물건데 춘천에 가볼 시간이 충분한가요?

   → Hmm, if you only have three days, You would probably skip it.

   흠, 3일간만 머무실 거라면, 저라면 아마도 생략할 겁니다.

토마스와 앤더스의
영어 파파라치!

도처에 널려있는 한국식 영어 오류들, 누가 좀 고쳐주세요!

• 동네 상점에서 공공기관의 안내문까지, 때론 황당하고 때론 부끄러운 영어실수들
• 간판, 표지판, 홍보물의 오류들로부터 영어를 쉽게 배우는 책!

저자 | Thomas & Anders Frederiksen
번역 | Carl Ahn

(주)진명출판사   www.jinmyong.com

(주)진명출판사

(주)진명출판사

토마스와 앤더스의

착한 생활영어

Pure and Simple English Conversation

착한 영어 시리즈 6

영어선생 토마스와 앤더스에게 **뉴욕 현장영어**를 배우자!
어떤 상황에서도 말할 수 있는 네가지의 표현들!
미국인들이 자주 사용하는 문장. 미국영어와 영국영어 비교표현!

MP3 무료다운
jinmyong.com MP3 CD

저자 | Thomas & Anders Frederiksen
번역 | Carl Ahn

Thomas

(주)진명출판사

(주)진명출판사

토마스와 앤더스의

착한 여행영어 회화

· 교재용 ·

착한 영어 시리즈 7

Pure and Simple Travel English Conversation

여행에서 경험할 수 있는 모든 영어가 여기에!

• 특별한 영어식 표현들과 문화 배우기
• 토마스와 앤더스가 겪은 흥미진진한 이야기와 여행 Tip

저자 | Thomas & Anders Frederiksen
번역 | Carl Ahn

MP3 무료다운
jinmyong.com

AUDIO CD

토마스와 앤더스의

착한기초영어

Pure and Simple Beginner's English

착한 영어 시리즈 8

첫걸음

남녀노소 누구나 쉽고 재밌게!

- 책 한 권으로 기초 생활영어·문법·회화까지 한 번에!
- 토마스와 앤더스가 A, B, C부터 착하게 가르쳐 드립니다.

저자 Thomas & Anders Frederiksen
번역 Carl Ahn

MP3 무료다운
jinmyong.com MP3 CD

VM (주)진명출판사

토마스와 앤더스의

착한 미국영어회화

착한 영어 시리즈 9

Pure and Simple Real American English

남녀노소 누구나 쉽고 재밌게!

• 미국인들이 즐겨 사용하는 관용어 회화들!
• 미국의 문화. 관습. 에티켓. 비속어 등 수록!

저자 | Thomas & Anders Frederiksen
번역 | Carl Ahn

MP3 무료다운
jinmyong.com MP3 CD

Thomas

Anders

VM (주)진명출판사

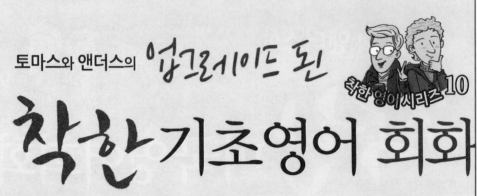

토마스와 앤더스의 업그레이드 된 착한 영어시리즈 10

착한 기초영어 회화

Pure and Simple English UPgrade

기초에도 급이 있다. 언제까지 왕기초만 공부할 것인가?
이젠 기초에도 업그레이드가 필요할 때입니다.

jinmyong.com MP3 CD

저자 | Thomas & Anders Frederiksen
번역 | Carl Ahn

(주)진명출판사

(주)진명출판사

당신의 인생에서 일어나게 될 변화에 대응하는 확실한 방법!

누가

Who
Moved
My
Cheese?

내치즈를
옮 겼을까?

스펜서 존슨 지음 | 이영진 옮김

230만부
돌파

230만의 치즈가
이제 당신의 치즈가 됩니다.

(주)진명출판사

Pure and Simple
Pop song English
(착한 팝송 영어)

Coming Soon!

1950년대에서 2000년대까지의 유명한 팝송을
영어로 배웁니다!

유명한 싱어들의 스토리와 노래 가사 내용을 함께
알 수 있습니다!!

당신의 영어 실력은 노래를 따라 부르면서
한 단계 업그레이드 됩니다!!!

(주)진명출판사